5G时代新媒体新运营丛书

年轻化营销

撩动年轻人心情的新营销模式

贾富◎编著

SPM
南方出版传媒
广东经济出版社
·广州·

图书在版编目（CIP）数据

年轻化营销：撩动年轻人心情的新营销模式 / 贾富编著. —广州：广东经济出版社，2021. 4
（5G时代新媒体新运营丛书）
ISBN 978-7-5454-7329-2

Ⅰ. ①年… Ⅱ. ①贾… Ⅲ. ①营销模式—研究 Ⅳ. ①F713.50

中国版本图书馆CIP数据核字（2020）第145514号

责任编辑：郑秋瑛 甘雪峰
责任技编：陆俊帆
责任校对：李玉娴

年轻化营销：撩动年轻人心情的新营销模式
NIANQINGHUA YINGXIAO：LIAODONG NIANQINGREN XINQING DE XIN YINGXIAO MOSHI

出版人	李 鹏
出 版 发 行	广东经济出版社（广州市环市东路水荫路11号11～12楼）
经 销	全国新华书店
印 刷	广东鹏腾宇文化创新有限公司 （珠海市高新区唐家湾镇科技九路88号10栋）
开 本	730毫米×1020毫米 1/16
印 张	13
字 数	180千字
版 次	2021年4月第1版
印 次	2021年4月第1次
书 号	ISBN 978-7-5454-7329-2
定 价	58. 00元

图书营销中心地址：广州市环市东路水荫路11号11楼
电话：（020）87393830 邮政编码：510075
如发现印装质量问题，影响阅读，请与本社联系
广东经济出版社常年法律顾问：胡志海律师

前言

以80后、90后、00后为代表的年轻人是当今市场的消费主力，在市场经济以及全球化、互联网的洗礼下，这一年轻群体的人生观、价值观及消费观与其他群体有很大区别，他们的消费意识、消费行为正在深刻影响着整个商业环境。更多的企业都在尝试品牌年轻化，进行年轻化营销。

更换商标，更换包装，加入更多潮流元素，打出年轻人喜欢的标语，在年轻人喜欢的微博、短视频等平台进行互动曝光……品牌年轻化不是外表上的年轻化，不是年轻人化，也不是一味地讨好年轻人，而是让产品或服务契合年轻人的真正需求，带给他们更好的消费体验。年轻化营销需要品牌由外及内地实施一系列变革，但目前很多人都对年轻化营销存在不少错误的认识，对于年轻化营销的策略、方法掌握得并不全面。

本书正是一本系统讲解年轻化营销的指导性用书。

本书第一章剖析了当今的年轻化现象。第二章至第四章分别介绍了80后、90后、00后用户群的特性与喜好。第五章介绍了品牌如何通过变革打造年轻化的品牌，以及品牌如何做到个性化、时尚化、拟人化、故事化。第六章是本书的重点章节，介绍了内容营销、社群营销、场景营销、口碑营销、饥饿营销等20多个不同的年轻化营销方法，通过不同的营销方法来抓住年轻人的心。第七章介绍了实现病毒式传播的营销方法，详细介绍了朋友圈推广、H5推广、B站推广、表情包推广等多种传播方法及传播策略。第八章介绍了奔驰、华为、星巴克、江小白、香奈儿等30个品牌的年轻化营销成功案例，读者从中可以学到这些大品牌的年轻化营销策略与方法。

本书结构清晰，由浅入深，实用性强，适合企业高管及市场、品牌、公关人员研读学习。通过这八章的系统化学习，你将明白为什么要做年轻化营销以及实施年轻化营销的具体策略、方法，通过何种方式挖掘年轻人的需求，引起年轻人的关注，获得年轻人的信任，并实现成功转化。

由于作者水平有限，时间仓促，书中难免存在不足之处，还请各位读者给予批评指正。在这个万物互联的数据时代，营销也将随之发生巨大变革，如果你在营销与品牌塑造方面遇到问题，欢迎随时与我交流。

我的微博：红叶哥－贾富，微信：hongyegejiafu，邮箱：jiafugz@163. com。

编者

2020 年 6 月

目录

第一章

洞察：直击年轻化现象

一、都在谈的年轻化，究竟是什么

俞敏洪曾说，“这个世界未来永远属于年轻人”。而对于品牌而言，得年轻人者得天下。品牌年轻化近年来成为热点话题，其似乎是很多企业的救命稻草，仿佛不往年轻化方向靠拢，企业就会落伍失败。

90 后、00 后年轻人逐渐成为新的消费主体，所以各大品牌接二连三地掀起各种跨界风和联名热，有的甚至生搬硬套，觉得只要和年轻人扯上一星半点的关系，就完成了年轻化转型。还有不少品牌认为，年轻化就是做年轻人的品牌。对于到底什么是年轻化、年轻化的内核究竟是什么，很多人都存在着认识误区。

很多品牌往往为了打动年轻人、抢占年轻用户群体而推进品牌年轻化，但是，并非所有品牌、所有行业都需要年轻化，年轻化未必能解决品牌所面临的问题。品牌年轻化只是一个手段而并非最终目的，年轻化只是品牌策略的表层而已，内核依然是品牌在新的内部和外部环境下的商业诉求。

品牌年轻化并不只是在内容、活动等传播层面上的年轻化，也不只是在外观、包装方面的年轻化，而是在产品层面贴合年轻用户的使用习惯，让产品、价格满足用户的需求。品牌年轻化并不是为了做一些传播、包装之类的表面文章，而是让你的产品更加符合年轻用户群体的需要，这是让用户埋单的关键。

品牌年轻化，那么目标人群一定是年轻人。其实，目标人群应该是所有用户及潜在用户。品牌年轻化不是人群的年轻化，而是一种生活方式、生活理念的年轻化，往往与年龄无关。

品牌年轻化不是去改变目标群体的年龄、只针对年轻人，而是要从外部的营销方式、用户的生活方式、当下的传播模式以及品牌的传播理念入手，与当下的潮流趋势接轨。它与用户的年龄无关，更重要的是对年轻精神的永恒追求。

“JUST DO IT”是耐克（NIKE）的经典口号，不管是在成立之初还是饱经几十年沧桑变化之后，耐克始终坚持和实践这个理念，没有人永远年轻着，但拥有年轻心态的人，却是永远不老的。

二、“New Younger”是一个什么样的群体

年轻消费群体有一个有意思的英文名，叫作“New Younger”，音译成中文就是“扭秧歌”。受互联网影响的这一代年轻人，他们通过网络更早地接触全球各地不同的信息，更加见多识广，如果品牌还在用传统的营销方式与年轻人沟通，那么注定会被消费者抛弃。

更年轻的消费者逐渐登上社会大舞台，曾经叛逆的“小屁孩”——95后甚至00后，已经成为消费市场上的新主力。他们骨子里与旧时代消费者有着明显不同：追求自我、有主张、有个性、讲究态度、热衷寻找和分享新事物。

以90后为代表的年轻消费群体正在强势崛起，他们的消费观更为个性，展现出兴趣优先、注重体验、理性消费等多元化特征，因此消费对他们而言已不仅仅是需求的满足，更是一种对生活方式的追求，他们的喜好、心理特征以及消费意识都会影响当今消费方式的潮流趋势。

New Younger喜欢超前消费，他们会充分享受生活的乐趣，提高家庭生活质量。这一群体的个性购物理念逐步强化，表现出极强的个性需求，他们对各类新兴商品接受度较高，同时也注重商品的社交性、娱乐性以及便利性。除此之外，他们也对生活保持追求与热爱。

随着城市工作和生活节奏越来越快，很多年轻人没有时间和精力打理自己的生活，更注重简单、方便、快捷的消费方式，“懒人经济”备受这一群体追捧。此外，他们更注重品牌内涵，有故事的产品最容易让他们动心。他们的娱乐消遣活动也不少，更喜欢新潮有趣的产品。

对“扭秧歌”群体的特征分析有助于品牌更深刻地解读他们的消费心理及消费行为，从而把握未来消费市场的发展趋势，采取行之有效的营销策略，确保年轻消费者能够享受到方便快捷的服务。

三、“创漩”：都市年轻人的新欲求

一项调查结果显示，大部分年轻人都抱有“创漩”的欲求，这已成为当

下中国都市年轻人的一大特征。

什么是“创漩”？即渴望投入自身，寻求精神上的共鸣，想感染和凝聚与自己志趣相投的人，也希望在此过程中提升自身的存在感。在年轻人的全新生活行为变化趋势的背后，存在着一种欲求，这一欲求被称为“创漩”。

都市年轻人喜欢随时随地广泛地寻找自己感兴趣的东西，将事物进行个性化加工，用加工的方式来表现自我，通过分享自己的心情或日常生活琐事等来表现自己特有的风格。从中可以看出，年轻人更拥有渴望展示“全部自我”的一种欲望。

博报堂生活综研的一项调查显示，90后中有六成以上的人正在“创漩”，在70后、80后当中也有不少。很多年轻人更愿意通过交流各自的兴趣和价值观来相互影响、丰富彼此的生活内涵，从而开启新生活。在年轻人分享其兴趣爱好及价值观的同时，触发他们提升自我存在价值、感染力和凝聚力，是年轻人“创漩”的原动力。

四、“淘、秀、晒”：年轻人的生活行为新趋势

几年前，博报堂生活综研的一项调查报告将当时中国年轻人的生活行为新趋势总结为“淘、秀、晒”，时至今日，这一总结仍有一定的现实意义。

随着移动终端的快速发展，各类消费购物应用一应俱全，为消费者提供了随时随地购物的便利。70后更倾向于“高效地寻找大多数人所认同的东西”，而90后则是“随时随地广泛地寻找自己感兴趣的东西”。虽然都是网上购物，但年轻人是在寻找自己感兴趣的物品，这种新潮流更符合“淘”的内涵。

“秀”是一种表现行为，在微信朋友圈，你可以发现各种“秀”，或图片，或视频。与70后“将买来的东西直接使用，用现有事物来表现”不同，90后更倾向于“根据自己的喜好及不同的方式对物品进行展现”，两者“秀”的行为是不一样的。

近年来，智能终端及信息技术的快速发展，改变了传统的信息传播方式。年轻人越来越依赖于网络社交，以获取信息、表达诉求。70后在信息发布方面是“将自己的经历或生活习惯传递给朋友”，而90后则倾向于“将自己的

风格展现给大家看”。这种信息传递行为的新特征被概括为“晒”。年轻人更喜欢通过分享自己的心情、日常生活琐事来表现自己特有的风格。

从这三个特点中，可以洞察隐藏在年轻人行为与意识背后的内在欲求，企业及品牌主则可以针对这些特点制定不同的市场营销模式。

五、年轻人的新文化：从精英价值观到草根价值观

“草根”可以简单理解成大众化、平民化。不同的人有不同的价值观，价值观有多重要，看看电视节目《非诚勿扰》就知道了。这个节目为什么如此火？有的人可能会说主持人帅，有的人可能会说女嘉宾漂亮，有的人可能会说男嘉宾奇葩。其实，它成功的核心在于它是中国电视历史上第一个大规模输出女性价值观的节目，此前，几乎所有的节目都是男性价值观的输出。在节目中，每个星期会有48个女嘉宾在台上讨论与家庭、婚姻、生育等相关的话题，其实这就是她们的价值观。观众或者产生共鸣，或者予以反驳，在价值观的争议和碰撞中，节目就开始火爆了。

为了实现流量经济向粉丝经济的转化，企业主和品牌主必须抛弃以往高高在上的品牌形象，放低姿态与年轻消费者进行互动，并形成共鸣。企业在产品研发及品牌建设方面也应该更加草根化，与消费者进行平等的沟通互动，而不是高高在上，一味地表现自己，认为自己是精英文化的代表。

《超级女声》的成功也是很好的佐证。不论年龄、不问地域、不拘外貌、不限身份，每个平民歌手都可以报名参赛，正是这种零门槛的草根路线，才造就了《超级女声》的火爆。也可以说，这个节目是借助草根价值观才得以火爆的。

江小白的语录很受欢迎，它所提倡的“小白精神”，就是出生平凡，但愿意通过艰苦奋斗改变自己的现状；敢于承认自己的无知，自谦自省，甚至自嘲会的东西不多，但是会努力持续改善。这种草根价值观吸引了众多年轻消费者，他们都把江小白当成自己的朋友，与它互动。如图1-1所示。

可口可乐屹立百年而不倒，江小白动辄出现在朋友圈，靠的并非产品本身，而是产品背后所赋予的情感诉求和价值关怀，也可以说是其面向大众的草根价值观让他们收获了众多的年轻消费者。

图 1－1　江小白接地气的宣传文案

六、年轻人的价值追求：从代表我的梦想到带给我好的生活

恰同学少年，风华正茂。

每个年轻人都应该有梦想，并不懈地努力，这样才能改变自己、改变生活、绽放光彩。越来越多的品牌热衷于号召年轻人敢于追求梦想、敢于行动，呼唤起他们的价值追求。年轻人探索自我，对品牌提出了新要求，也给予了新机会，品牌除了关注消费者的需求行为，还应该注入更多个体的视野和责任感。作为生活创新者的品牌，能给他们带来直接的价值。

最近几年，品牌热衷于深入了解年轻人的梦想，并试图通过沟通，让品牌能代表年轻人的梦想。不少品牌即便自己的产品和服务与年轻消费人群的梦想之间没有任何联系，也不惜为年轻人大声疾呼。结果显而易见，年轻人会觉得这样的品牌空洞乏味，无法了解其产品本身对自己的生活有什么意义。

对于年轻人来说，构建美好生活是他们的梦想和人生意义的体现，他们首先关心的是品牌能带给自己怎样的生活体验，其次才是这样的生活体验与自己的梦想具有怎样的联系。因此，品牌应该更加着重于清晰而具体地描述“好的生活”，再谈及这种生活与哪些梦想有关，而不是本末倒置。

七、年轻人的个性需求：从多元的选择到小而美的选择

在过去，很多品牌侧重于给消费者提供更多的选择，以满足消费者的个性需求。但如果一个品牌涉足广泛而不精，是无法满足年轻人对品质生活的要求的，因为年轻人更喜欢小而美的产品及优质的体验。

如今，年轻人越来越欣赏那些在某一细分领域有专长的品牌，他们不一定需要大品牌，对于小品牌，如果它是精细的、有品质的，他们同样会考虑。这就要求你的产品和服务更注重品质、注重细节，承载更清晰的意义和情感。

早在2018年，淘宝上的店铺数量就超过百万家。一家名为“古典玩偶Puppets and Doll”的店铺售卖二次元物品，以洛丽塔洋装、崩坏人偶和古典人偶为主，在二次元世界中显得极为小众，但是，小众并不代表生意冷清。数据显示，从2017年开业至今，这家店铺在淘宝上已累计吸引粉丝超90万人，成为二次元市场中备受欢迎的店铺。

另外一家大品牌宜家，也是通过小而美的策略实现了成功。宜家从不高谈梦想，它所讲述的美好生活，从来都是普通人的生活。在宜家的产品中，年轻人看到的是自己日常生活的模样。从家具到小装饰，再到厨具，宜家描绘的是年轻人向往且可以抵达的生活，提供的是具有设计感、精致的产品，以及年轻人买得起的价格。宜家引导年轻人自己动手动脑建设自己的生活，而品牌只提供指导和工具，因此其吸引了众多消费者。

八、年轻人的归属感：从大社区到小圈子

相信每个人的社交软件中都有各种各样的群，社交媒体的快速发展带动了社群的盛行，年轻群体中同样存在各种各样的“圈子”。以往很多品牌都尝试过建立社区，但成功的案例不多。因为年轻人所期待的存在感，越来越难以在人数众多的大社区中找到。在一个规模很大的社群里，个体仍然会感

到自己很渺小，找不到归属感。

所以，一些品牌开始建立小的社群，提供小圈子及私密化社交空间。对新加入社群的人来说，加入小组织就可以找到归属感，同时，通过形成固定的日常关系，可以分享共同感兴趣的话题，得到更深入的理解和日常的陪伴，从而有一种被关怀的感觉。

年轻人不相信所谓的权威，却相信所属圈子内的人，这些基于兴趣或者其他原因建立起来的社交圈子，能够直接影响年轻人的消费过程。这种小圈子能让年轻人获得某种身份认同，寻找到相同爱好，建立起消费信任。

备受年轻人欢迎的 Bilibili（俗称“B 站”）已成为国内最大的游戏视频平台之一、国内最大的原创音乐社区之一。年轻人为何如此热爱 B 站？最根本的原因在于它为年轻人提供了一个展示自我、充实自我、了解世界的平台，让年轻人得到了归属感。如图 1－2 所示。

图 1－2　B 站首页截图

B 站为年轻人提供了很全的娱乐视频，迎合了广大年轻人的口味——无论你想看什么，总有一款适合你。

每个年轻人都有自己的一技之长，但却苦于找不到展示自我的平台，而 B 站无疑满足了这些年轻人的需求。

九、80 后、90 后、00 后：越来越个性化的消费群体

社会喜欢给每一代人都打上标签，比如，00 后是“另类独特”，90 后是“个性张扬”，而 80 后则是“叛逆”。随着消费升级以及数字化时代的到来，更多的品牌重视消费者的体验，满足消费者的个性化购物诉求。

80 后消费者比较叛逆，他们追求非主流、热衷视觉系网络亚文化产品。80 后成长早期物质匮乏，文化生活单调；成长后期，物质和文化产品呈井喷式爆发，生活水平呈现明显的反差，这引发了 80 后表面潇洒，而在实际生活中既拿不起又放不下的尴尬心理。

90 后成长环境优越，没有物质生活方面的担忧，精神层面的需求和享受成为他们日常生活中首要考虑的因素，互联网提供的公共空间成为他们寻求认同的平台，他们更热衷于通过网络寻求兴趣圈子展开社交。他们喜欢二次元，热衷脑洞系网络亚文化产品。

00 后自我意识更加强烈，思维更加活跃，网络表达更加个性化，有着更加强烈的圈层意识。他们追求真实表达，热衷存在系网络亚文化产品。

网民的个性化表达在特定网络环境下得到了极大释放，网络产品也日渐丰富，这使二次元、恶搞、吐槽、网络文学、直播文化、御宅文化等网络亚文化成了人们全新的精神家园。90 后、00 后年轻消费群体正在快速崛起且走向舞台中央，在平台购物上彰显着自己个性化的需求，很多品牌都开始注重迎合这些年轻人的诉求。

以 90 后、00 后为代表的年轻消费者越来越追求个性化，他们有特别鲜明的主张和喜好，追求属于自己的品质生活。为吸引更多的年轻消费者，品牌商需要对整个市场有前瞻性、深层次的了解，做好个性化服务，以便获得更高的回购率。

第二章

80后：『Y一代』角色转变

一、核心价值观：追求自由，崇尚自我

追求自由，崇尚自我，是80后的核心价值观。80后厌倦束缚，喜欢无拘无束，崇尚自由，渴望实现自我价值，这与他们的出生环境不无关系。80后在老一辈人的传统教育下成长，遇到了很多的社会变革，大多认同旧的社会价值，同时又谨慎地接受社会的不断变革，他们在新旧思想交锋中艰难呼吸，在东西方文化冲突中挣扎生存。

80后更注重个人的未来发展机会而不唯钱至上，这也反映出80后渴望获得肯定及一定的社会地位和个人权利。但他们的价值取向多样化，注重个人本位。大部分80后上班族认为，工作首先是成就自我、实现价值的途径，其次才是一种谋生的手段。

富有创新意识、注重与人交流也是80后的一大特点。80后处在祖国日新月异发展的时代，被激发了丰富多彩的想象力，也被激发了创新精神。80后很看重自己给人留下的印象和在别人心中的地位，对他们来说，处理好与朋友、同事、领导的关系十分重要。

80后有思想、有活力、有激情、有干劲，这是他们的优点。同时，他们崇尚自我、讲究个性，因此有时会过分强调自我。部分80后是独生子女，还没有完全转换角色，潜意识里希望同事、领导能像身边的亲人一样顺从自己。

二、消费价值观：只为“喜欢”的产品埋单

80后拥有乐观向上的消费观，更强调追求快乐、享受生活，而并非拥有成就感。什么样的东西最能让80后“束手就擒”地乖乖掏钱？一项调查结果显示，在众多选项中，排第二位的就是“喜欢的产品”，占比19.5%。这说明80后的消费准则并不一定有明确的目的和实用意义，而更多基于主观的喜好。这也恰好说明80后这一代人的个性非常鲜明，不会委屈自己。

他们更重视情感的满足，即消费行为带来的便利、舒适和品牌效应形成的虚荣心理（显示身份或阶层，时尚或潮流），产品的功能价值反而是其次。

在他们的眼里，所有品牌只有"我喜欢的"和"我不喜欢的"这两种。"需要+喜欢"成为他们主要的消费动力。80 后买东西看颜值、看品牌、看风格，他们更注重产品风格、愉悦自我、塑造个性，这才是他们消费的最强诉求。

在 80 后购买商品的决策影响因素里，价格反而显得不是那么重要，并不是主要的影响因素。80 后具有较高的消费倾向和超前消费意愿，追求自由和自我，只要是喜欢的就会买下来。他们喜欢个性化、有独特风格的产品。人无我有、人有我优、人优我异成为 80 后选择产品的标准。他们喜欢的东西往往都会带上这些标签，比如设计感、个性化、差异性。除此之外，他们还追捧高端定制、与众不同的产品。所以，有品质、有颜值，并且能够带给年轻人愉悦生活体验的产品，受到他们的欢迎是必然的。

三、ATM 世代：时尚消费的主力军

20 世纪 80 年代出生的 80 后，现在大都已经成家立业，他们经济独立，并正在成为中国时尚消费的中流砥柱，是时下最受商家欢迎和重视的客户群体，并被冠以"ATM 世代"的称号，即：缺乏积累（accumulation shorten）、乐于消费（tingledon consumption）、不做计划（making no plan）。

尼尔森的一项研究表明，随着经济实力变强，80 后群体已经成为消费的主力军。数据显示，全国有 2.1 亿消费者是 80 后人群，位列各年龄段之首，占全国消费者总数的 16%。所以，对这个庞大的消费群体进行深入分析、准确把握其消费心理特征，对于任何一家企业来说都具有重要意义。

一项调查显示，超过四成的 80 后在选择产品时把"时尚元素"列为首选，而性能、价格、质量排在了后面。零点公司对 80 后群体的调查显示，80 后的消费特点是"时尚为先、乐于消费"，这一群体乐于购物的特征位列所有人群之首，他们对时尚的追求远远超过上几代人。当然，80 后对产品极为挑剔，在他们的心目中，好的产品要质量上乘，还要彰显个性，并且包含时尚和流行的元素。

80 后是中国未来网络经济的主要支持者，更是潮流消费、潮流创造、潮流扩展的领导者。对于品牌来说，要从时尚、酷、新潮、自我价值体现等多

个角度，加强与 80 后消费者之间的情感交流和互动，给予他们更多的情感满足，从而获得他们的情感认同。

四、膨胀的消费欲望：把消费作为赚钱的动力

80 后正在成为社会的中坚力量，也正在成为中国经济实力最强的消费推动力。中青报的一项调查显示，针对消费观念，15.1% 的 80 后“坚信钱是赚出来的，不是攒出来的”，占比高居榜首。也就是说，80 后把消费作为挣钱的动力。

80 后主动消费的意识和消费能力都很强，独立成长的 80 后无法认同父辈那种拿了工资就存银行，看着存折数字来消费的态度。很多时候，他们会为一个心仪的时尚服饰而加班加点，会为攒足旅游经费而埋头苦干。当经过辛苦打拼之后踏上异域之旅享受阳光、沙滩、海景时，他们会说，这样的生活才有意义。

大部分 80 后在经济可承受的基础上，主动消费的意识比较强。他们崇尚“钱挣来就是花的”消费理念，希望尽可能地拥有自己喜欢的东西和服务。

80 后已经成为中国消费市场的主力。他们追求个性、自我、时尚，同时消费欲望强烈，既追求物质享受，也追求精神享受。出国旅游、健身、K 歌、享用美食、玩游戏……都是他们的消费欲望。

五、超前消费：“享受与发展”代替“生存”

“虽然是透支，但是用明天的钱在今天享受，这也算是一种明智的消费理念吧。”很多 80 后都有这样的超前消费理念。他们热衷于网上购物，经常会透支信用卡，电脑、手机、大家电等多通过分期付款形式加以购买。

80 后更懂得享受生活，消费时虽然会量力而行，但是也经常会超前消费，透支消费已经成为很多 80 后的日常消费行为。2019 年，苏宁金融研究院的一项调查显示，80 后平均贷款总额为 15.25 万元，剔除房贷后的平均贷款总额为 8.01 万元。80 后善于使用信用卡进行超前消费，喜欢的东西即便透支信用卡也要买回家。80 后对自己的前程充满希望，并且对未来的收入有

良好的预期，因此他们敢于透支，超前消费。

80 后具有强烈的享受生活的愿望，他们的信贷消费意识强，花钱比较没有节制。"随心生活，别让生存代替了生活"是 80 后的口头禅。随着生活水平的提高，80 后早已超越了生存阶段，开始向享受型阶段转变。"我们不再一贫如洗，我们在享受生活，追求有质量、有意义的生活。"以 80 后为代表的中国年轻人在解决了基本生存问题后，开始寻找自我价值和生活的意义。

随着物质财富的增加，在消费升级大背景之下，收入中用于消费的倾向提高，80 后的消费心理也发生了巨大变化，正从生存型消费，向主动超前的发展型、享受型消费转变。

六、成就消费：更重视消费过程中的快感

80 后对自我的期望值非常高，他们对未来也很憧憬，消费方式变得更加多元化，更加注重消费过程中所获得的感受。他们享受的不仅仅是结果，还有消费过程中的快感和成就感。

不论收入是否丰厚，80 后的消费意识都不落伍，他们具有变革与创新的勇气，以及改善自身条件的美好愿望，消费行为也更加大胆。

80 后从小就处于家庭的核心，在成长中也备受家人关注，他们多数形成了以自我为中心的价值观，并且很敏感，大都带有强烈的自身情绪因素，当然也更渴望成功。正因为上述特性，80 后的消费行为容易变得情绪化、感性化和冲动化，他们消费的重点有时甚至会脱离商品本身，比如，热衷于产品衍生的各种附加值，像产品的外形、款式、颜色、品牌或商标等。80 后购买产品时不一定注重实用，而是更加注重情感满足，注重消费的过程，也特别关注消费所带来的舒适感以及虚荣心理。

80 后的成就意识很强，这导致他们经常进行高档消费，以显示自己与他人的差别。他们中的多数人喜欢玩游戏，希望在虚拟世界满足心理上的需求。不得不说，这是独特的消费行为，这种成就消费模式，也增加了市场消费的热度。

七、巨大的消费市场：独生子女资源操控和话语权优势

基于独生子女话语权优势、经济快速发展等因素，80后的消费欲望不断膨胀。2017年尼尔森的一份报告显示，全国有2.1亿消费者是80后人群，位列各年龄段之首，占全国消费者总数的16%。较好的经济状况使得80后消费者对自己的财务状况更加乐观，具有比其他年龄段人群更强的消费能力，正在成为中国消费市场的中流砥柱。

大部分80后独生子女很少为钱而忧愁，他们当中很多人的家境都相对不错。并且这一代人的父母大多经历过三年困难时期，因此，他们对于80后子女千宠万宠，舍不得让孩子吃一点苦。80后独生子女可以说是最无忧无虑的一代，集万千宠爱于一身的他们，当然也很有话语权。

80后在少年时期常被人诟病为“小皇帝”“小公主”，在青春期被批评“叛逆”“自我”“特立独行”。现在，越来越多的80后站到了舞台中央，有了更多的话语权，他们发表自己意见的渠道也更多了，对外界给予的标签，他们并不认同。也有不少80后正在回归传统，安于稳定的生活。

中国的80后人数超过2亿，他们独立，有个性，有思想，喜欢彰显个人本色，他们对消费更有自己鲜明的个人特点和追求。这代人消费能力的增强和消费欲望的膨胀，正在悄然改变着我们的消费环境。

八、不安和危机感：健康消费意识抬头

80后并不像人们想象的那样潇洒和任性，在变革的社会中成长起来的他们，同样承担着来自现实和思想的双重压力。房子、车子、养老、育儿，每一个都是大问题，在生活压力、社会巨变的冲击下，他们缺乏归属感，经常感到不安，危机感沉重。

“刚毕业就失业”“干的还没民工开心”“房子是心头之痛”“一事无成”“一钱未赚，一权未谋”等，是网上广为流传的有关“80后十大尴尬”的调侃段子。段子里字里行间透着80后对自己的生活状态、消费状态的反思，以及他们对社会的发问。

医药企业健客发布的“2017 国民健康消费大数据”显示，在健康消费人群中，30～39 岁消费者占比达 53.54%，也就是说，80 后是健康消费的主力军。80 后群体不仅经济独立，而且有文化、懂网络，同时“上有老下有小”，自身压力也很大，总体健康消费需求大。

80 后处在快节奏、高压力的工作与生活环境之中，重压之下，熬夜、失眠、肥胖、脱发等问题层出不穷，因此是亚健康群体中最大的群体，越来越多的 80 后加入养生大潮中。

熬夜加班、咖啡“续命”、回家就想“瘫”似乎已经成为都市年轻人普遍的生活状态。保温杯里泡枸杞、戴着护膝去蹦迪，在一边“作”一边养生的循环怪圈里，80 后的健康意识和养生意识正在全面觉醒，他们希望通过改善饮食、健身等方式来保持健康。不少 80 后保持健康的重心已经开始转向“活得更健康，更有尊严”。

第三章

90后：『自我一代』崛起

一、指尖上的90后：无网络，不生活

90后经常被打上“新新人类”的标签，他们不保守，容易接受新鲜事物，也享受网络给生活带来的变化。无论是等地铁、等公交，还是等红灯、等电梯，他们都会用手机来打发这些等待的时间。“无网络，不生活”是他们最好的写照。

刷微博、刷朋友圈、聊天、玩游戏、追剧、看电子小说、看短视频……90后的手机世界是如此丰富。对于90后来说，移动互联网的掌上生活并不仅仅是娱乐消遣，还可以是学习、教育以及生活的方方面面。作为互联网原住民，他们早已驾轻就熟地用数字化来打理自己的一切，很难想象，没有了网络，他们会怎么生活。

90后从小就接触电脑、接触网络，网络在他们的成长过程中如影随形，他们用百度搜索就相当于用字典，微博、QQ等是他们经常使用的网络社交工具。2014年的《90后移动互联网调研报告》显示，六成90后患有严重的“手机依赖症”，每天手机上网时间超过3小时，近半数90后患有“手机恐慌症”，不到15分钟就会查看一次手机，近两成的人甚至不到5分钟就要查看一次手机。时至今日，随着移动互联网的强势渗透、智能终端的进步和网速的提升，90后的网络生活变得更加精彩，同时对手机的依赖也更加强烈。

网络已经紧紧包围住了90后的世界，没有网络，他们就会像离开水的鱼，会感觉无所适从，甚至无法面对工作和学习。对他们而言，没有网络的日子，就像生活没有了阳光，会让人感到绝望。

无论是90后还是00后，都根本无法忍受没有手机的生活，对于他们来说，离开手机、离开网络会产生无法生存的感觉。这是一个“无网络，不生活”的世界，越来越多的内容借助网络呈现在移动终端。而对于品牌商来说，这也是一个绝好的展示机会以及与90后沟通的机会。

二、拒绝标签：鲜活的个性无法复制

90后群体的崛起，并不是简单的又一代人的成长，而是真正的互联网一

代对这个社会的全面接管。叛逆、个性张扬、没有责任感、非主流、放纵的学习和生活态度，是大家给 90 后年轻人贴的标签，但 90 后并不是统一型号的社会产品，他们拒绝被标签化。

90 后备受社会各界关注，如今，他们已成长为全社会的中坚力量。他们热衷为时间付费，能打滴滴就不坐公交，能叫外卖就绝不自己下厨。他们一边顶着巨大的工作生活压力，一边又在这些标签中自嘲。但是，从内心深处讲，90 后是拒绝被标签化的。

想用统一的标签定义 90 后群体，是非常困难的事情。用某种单一的社会评价来定义鲜活生动的 90 后，会显得苍白无力。在校园营销研究院（CMI）的《互联网下的 90 后——大学生数字化生活研究报告》中，拒绝被标签化是 90 后最突出的共性。他们拒绝被代表，每个人鲜活的个性都是无法复制的。

与其他几代人相比，90 后的个性是突出的、鲜活的。而从每个个体去看，90 后的个性又是多元的、差异化的。90 后最大的个性就是在群体内部处处彰显自己的不同，所以，要想找一个具有普世价值的标签来概括 90 后群体，难度系数极大。

三、追逐快乐：愿意为新鲜感埋单

对快乐的追求，决然不受经济压力的牵绊，这可以说是 90 后与 80 后的最大差异。80 后大多背负着家庭重任，成为"房奴"，而 90 后是在物质丰盈的环境中成长起来的，"现在就要快乐"是他们所追逐的。在 90 后的价值观中，金钱虽然也很重要，但是更重要的是开心。

90 后更看重"好玩"，他们喜欢新奇事物，也乐意低成本地尝试新鲜事物，非常愿意为新鲜感埋单。只要有新产品尤其是高科技产品问世，他们就会乐此不疲地去尝试，就像当初众多果粉追逐苹果创造的科技潮流一样。

尽管 90 后是享乐主义的代表，他们的消费欲望也很强烈，但他们绝对不是"今朝有酒今朝醉"的一类人。他们不盲目，只会买自己认为值得买的东西，很少冲动消费，会选择契合自己实际需求且品质不差的商品，更崇尚"买对不贵""品质与价格兼得"的消费理念。

人天生就喜欢新鲜的东西，在 90 后身上，他们将这一特性表现得淋漓尽致。90 后在消费上更加强调个性，偏爱限量版产品，喜欢为新鲜感埋单，也更愿意从价格、品质、外观、实用等多重维度考量一款商品是否物有所值。也就是说，他们在购物时更加理性。

四、90 后为什么会成为懒人经济的消费主力军

懒人嗑瓜子神器、懒人沙发、懒人支架、懒人炒菜机、懒人面包机、扫地机器人……这些产品如果你一个都没消费过，那说明你还不够“懒”。90 后是懒人经济的消费主力军，崇尚享乐主义的他们，把“懒”发挥到了极致。

别低头，皇冠会掉；别弯腰，地板它会扫。在上海地区，扫地机器人是人们的最爱，解放双手全靠它。要不是被生活打倒，人们也不会发现躺着的快乐，所以人们早早学会了“能躺着就绝不站着”，在黑龙江、浙江、福建等地，懒人嗑瓜子神器、懒人沙发、懒人支架非常受欢迎，消费人群以 95 后为主。淘宝发布的《懒人消费数据》显示，2018 年中国人为“偷懒”花费了 160 亿元，较上一年增长 70%，其中 95 后“懒需求”增长最快，增幅高达 82%。

现在的“懒”，已经不是传统意义上“好逸恶劳”的指代词，而被赋予了更多褒义与时尚的概念。有些 90 后通过懒人产品过着更舒适、更享乐的生活，有些则青睐于通过服务型消费给自己节约时间成本。所以，懒人并不一定都是宅在家里“葛优瘫”的人，他们很有可能是学有所长、收入颇丰的勤奋型懒人，他们把自己有限的时间、精力及金钱分配给了自己认为更重要的事情，只是做了一个“局部懒人”而已。

科技进步是懒人经济的原动力。很多曾经只存在于科幻电影中的“黑科技”正在成为现实，使人们在“没有最懒，只有更懒”的路上越走越远。互联网时代，科技让一切变得更加简单，越来越多的人正在成为懒人。“懒”会促进社会分工，会驱动新的产品诞生，会驱动新的经济增长模式出现，从这个角度来说，“懒”也是人类进步的一个阶梯，懒人经济创造了市场商机，也促进了社会经济的发展。

五、95后——正在崛起的Z世代

95后Z世代正在悄无声息地进入人们的视野，且逐渐兴起风浪。目前，中国拥有世界上最庞大的Z世代人群，人数已达1.49亿人。品牌主都在把更多的目光投向Z世代，因为他们成为继80后、90后之后日益崛起的消费主力大军，Z世代人群的喜好和选择，对品牌主来说至关重要。

漫威英雄、游戏、动漫二次元等，都是Z世代喜欢的事物。Z世代的兴趣呈现多元化，不仅兴趣至上，而且会为其倾心尽力。他们对于兴趣和理想的选择是主动的，他们更愿意为其"内心所向"心甘情愿地付出。对于品牌主而言，若要吸引Z世代的关注，需要通过更加多样化的方式，比如，通过不同的兴趣点、行为方式、明星与关键意见领袖（KOL）与他们交流。

Z世代相当早熟，他们是真正的互联网时代的主人，习惯性地处理多维信息，对热点司空见惯，谨慎而不盲从。Z世代经常会以"多重身份者""规则突破者""科技原住民"自称。他们追求多样性和包容性。据Awesomeness TV（简称ATV，YouTube视频网站的一个频道）研究报告显示，近1/3的Z世代坚信人人平等，他们积极地发表对社会问题的见解与看法，特别关注社交媒体上的热门社会问题。

Z世代具有多维思辨能力，他们谨慎决策，决不盲从。他们从小接触多元信息并能高效处理，养成了辩证思维的习惯。他们会辩证地从多角度看待问题，不轻易相信别人的观点，不盲从。他们对品牌的态度逐渐呈现出相对客观的态势，这也意味着他们不会轻易为品牌过往的沟通和营销方式而埋单。

Z世代还是多面玲珑手。他们会尽力维护不同的人际关系网络，在不同的圈子中有相对清晰的自我定位，并且能够多面、谨慎地在不同的圈子中以不同的方式处理冲突。所以，对于品牌主而言，对社群和圈子的维护显得很重要。品牌主需要为Z世代提供不同的社交方案或平台，如此才能真正吸引非常擅长社交的Z世代群体。

Z世代正在进入消费主场，他们的消费需求正在成为推动下一阶段商业消费的引擎。开始步入职场的Z世代群体，是一个亟待开发的千亿市场，同时也决定着未来市场的走向。就像《这就是街舞》《中国有嘻哈》等综艺节目的热播，反映出年轻人对潮流文化、个人价值的追求，在信息化、智能化、全球化的今天，谁能赢得95后、00后消费主力军，谁就将成为未来的大赢家。

六、在线化：从“我”到“我们”

90后是“数字化生存”时代的新一代族群，他们的成长伴随着中国开放的不断深入和经济的高速增长，受到的信息化冲击和网络影响最大。他们离不开网络，随时都“在线”更是他们当中多数人的状态。移动设备霸占了90后在通勤、休息时刻的碎片化时间。对视社交媒体如命的90后来说，多屏、跨屏是再正常不过的事，这要归功于移动设备所带来的便利性及4G、5G网络的快速发展。90后可以说是泡在网络里长大的一代，据统计，90后的平均网龄达7.5年，日均上网12小时。

90后的独立性是之前任何一代人都无法比拟的，他们的交流方式也具有很强的独特性。90后身上带有鲜明的时代烙印，有明显的“自我实现”意识，自我膨胀严重。他们不喜欢大众化，喜欢追求独特和个性，同时又存在“以自我为中心”的极端个人主义。但90后也非常注重交朋友、出去玩、学习和工作，他们的社交生活是多维度的，除了围绕目前已认识的人展开，他们还活跃于各种各样的开放式社交平台。90后更希望基于“兴趣图谱”寻找符合自己个性的圈子，将线下的社交圈在线上进行更大限度的转化。

只要兴趣所向，意愿相投，就能协作起来搞事情。这是90后的一大特征。在自己喜欢的社群中，他们可以找到共同语言，当然也能找到集体归属感。

七、消费选择：信息碎片化、选择多样化

近年来，随着移动互联网的发展，“碎片化”成为一个高频词汇。在这个信息大爆炸的年代，年轻人都会面临一种困扰：很多时候无法过滤庞大的信息量。互联网让人们的生活更加碎片化、注意力更加分散，同时也改变了人们关注公众话题的方式。

不论是信息的获取，还是购买决策的定夺，在互联网时代都呈现出信息碎片化、选择多元化的特征。

90 后年轻人是个性化的一代，大众化的产品和单一的内容已经无法满足他们对个性化和多样化的追求，而强制性推销只会让他们产生强烈的抗拒心理，因为他们觉得这无法展现自己的个性。品牌主唯有深入挖掘用户在时间、空间、行为、情绪等多方面的情感需求，并以此为切入点，融入品牌信息，才能更好地吸引 90 后消费者。

90 后成长在市场经济飞速发展的时代，这个时代的物质产品极为丰富，信息资源也呈爆炸式增长，90 后比以往任何一代人都有更加广泛的选择空间和选择渠道。90 后的审美取向和生活理念与上几代人明显不同，需求也是多种多样的。

八、消费决策：KOL 种草，线上下单

"今天，你被种草了吗?"对于 90 后来说，不是种草，就是在种草的路上。90 后不再忠诚于某个品牌，而是更关注单品，社交媒体平台成为他们获取信息的主要渠道，KOL 种草成为 90 后消费决策的重要环节。

"种草"是当下年轻人最爱用的网络用语，指宣传某种商品的优异品质以诱人购买的行为。简单地说，就是将一种事物推荐给另一个人，让另一个人也喜欢这种事物的过程。种草营销是现在品牌方最爱用、最有效的营销方式。在各大社交平台上你都可以看到种草营销的身影，因为年轻人对种草营销的接受度高。

"种草"把日常消费和网络社交结合在一起。在不少年轻人看来，"草"本身就有普遍、遍布的含义，这是一个"种草"无处不在，万物皆可"种"的时代。很多时候，朋友之间相互"种草"是一种社交方式。例如，通过"偶像同款""同一色号"等符号，年轻人可以找到和自己兴趣相投的群体，获得认同感和归属感。

移动互联网时代，用户注意力稀缺且分散，影响用户决策的媒介环境发生了巨大变化，用户变得不那么相信媒体。菲利普·科特勒在其所著的《营销革命 4.0：从传统到数字》一书中提到，用户相信的是 f－factor，包括 friends（朋友）、families（家人）、social platform fans（粉丝），而不再是媒体。

种草的过程就是占领用户心智且转化购买的过程，种草营销就是用内容

创造需求，可以是创造新的需求，也可以是唤醒原来的需求，然后用电商的产品满足用户。

种草靠的是口碑和相互信任。《福布斯》的一项研究表明，81%的受访者表示来自朋友和家人的评论会直接影响他们的购买决策。由此可见，熟人或KOL的口碑对种草成功率的影响很大。

随着信息传播越来越网络化，KOL成为品牌与用户之间的重要节点。在移动互联网时代，受众的关注点越来越细分，越来越多的人热衷于KOL引导式消费，小红书App就是一个非常典型的平台。

九、及时享乐：二手交易、分期付款

及时享乐是90后崇尚的生活态度。90后是一个异常现实的群体，他们不谈情怀，更自我也更加悦己，对自己的欲望从不遮遮掩掩。

90后用户的消费欲望更加多元，他们不愿意存钱买房，标榜及时行乐。在“我现在就想要拥有”的心理诉求下，一些新的商业模式诞生，二手交易、分期付款盛行。

90后年轻人，尝鲜的欲望非常强烈。相比长期拥有，他们更看重即刻拥有的体验。所以，如果奢侈品买不起，那就买二手产品，甚至不惜租赁。年轻人对二手买卖和租赁的接受度非常高，“不求天长地久，只求曾经拥有”。据统计，当前，知名二手交易平台闲鱼的用户超3亿人，每天的信息发布量超过200万条，平台活跃者中年轻人占据了大多数，有61%是90后。

在交易之外，不少年轻人还把二手交易平台当作一个互相交流、分享生活的社交圈。这是在商品交易中诞生的社区，也是年轻人寻找新潮生活方式的江湖。二手交易平台的价格优势和社交属性，吸引了无数的年轻用户。

另一个有趣的现象是，分期付款在95后人群中接受度非常高，他们不仅会分期购买昂贵的商品，也会分期消费低价商品。一项数据显示，24.4%的95后人群用分期付款购买过500元以下的商品。而在5000元以下的商品中，使用分期付款的消费分布也是比较均匀的。分期付款正成为中国年轻人的一个习惯，90后有明显的超前消费意识，他们的信用消费习惯已经养成，是线上消费分期付款的核心人群。

第四章
00后：新世代走上舞台

一、00 后：不可小觑的“后千禧世代”

“抓住 00 后的心，就是抓住未来。”这早已成为无数品牌和商家的共识。很多品牌突然意识到曾经被自己小觑的 00 后已成年，并且开始影响消费市场。

被称为“后千禧世代”的 00 后，生于物质条件优越和移动互联网普及的时代，他们在成长的每一个阶段都被深深烙上互联网的印记，如今正焕发出强劲的消费力量。能否吸引 00 后群体，将决定品牌能否取得头部地位。因此，无数品牌开始把目光瞄准 00 后，纷纷研究 00 后的特点，以便更好地了解他们的喜好和需求。

00 后喜欢什么？腾讯、红杉资本等 10 多家机构进行了综合分析，得出的共同结论是：线上娱乐是 00 后在休闲时间的主要内容，其中社交、音视频、游戏类内容占据 00 后 80% 以上的泛娱乐消费市场。

同时，00 后普遍热爱社交和互动分享，如果遇到了喜欢的内容，他们会第一时间将其分享给线上的朋友。

此外，他们热衷于追星，非常关注偶像的颜值、人设，并且愿意为偶像花钱，也舍得花钱。

作为数字原住民的一代，00 后可以说是见多识广、见怪不惊，要想影响这样的消费人群，品牌方首先要做的还是对他们进行全方位的了解。

1. 00 后关键词之一：个性

相较于 90 后、95 后，新生力量 00 后更显独具一格，他们有着强烈的个人意识和精神追求，不会盲目地追随主流。他们的喜好虽多，但却更加有个性，这也使得他们关注的领域呈现出细分且垂直的特点。

2. 00 后关键词之二：扩列

“扩列”是 00 后的一个专用语，意思是“扩充好友列表，希望交新朋友”，所以他们会频繁地使用社交媒体，以便赢得他人的关注。不过，尽管 00 后有着较强的社交需求，但他们更希望自己的圈子是“纯净”的，他们只想认识和自己同属一个圈层的朋友，而不会随便认识一些其他人。

3. 00 后关键词之三：内容

00 后特别喜欢尝试各种新鲜好玩的事物，同时，他们对内容的要求又极为苛刻和挑剔，一旦内容无法满足他们的喜好，就会被他们毫不留情地抛弃；可要是他们真正喜欢的内容，他们也会为之沉迷、为之疯狂。

4. 00 后关键词之四：兴趣

00 后的成长环境大多与 90 后不同，在价值观方面也与 90 后形成鲜明的反差，这一点在是否愿意为兴趣付费上表现得特别明显。00 后愿意在自己感兴趣的领域投入更多的时间和金钱，这种付费行为常常不受 KOL 的影响。

总之，00 后在品牌观上有清晰的认知，表现出较高的消费理性；同时，他们也愿意追求流行、娱乐文化，在追逐兴趣方面具有感性的特点。因此，要想和 00 后打成一片，就要学会创新方式方法，以便切合 00 后的兴趣，在此基础上，才有可能将品牌影响力以感性方式逐步影响他们的心智。

二、移动互联网原住民：社交互动全面渗透

00 后是移动互联网的原住民，热衷于表现自我，兴趣爱好广泛，有着更强的个人意识和精神追求。对于 00 后来说，不少人从小学和初中开始就有了全国各地的网友，他们空闲时间多，课业繁重需要发泄，社交需求非常旺盛。

加好友叫“扩列”，加了好友可以“养火”（网络词汇，指 QQ 好友之间的互动频率，互发消息 3 天能出现小火花，互发消息超过 30 天会出现大火花）和 nss（网络词汇，指评论和点赞），如果不互动就成了“躺列”（网络词汇，原是二次元文化术语，指只是在好友列表待着并没有什么交流的意愿），聊得好则可以 cdx（处对象）……00 后的这些“黑话”你了解几个？以前的社交是基于“我认识你”，但是 00 后的社交是“我懂你”，00 后是最依赖互联网的一代人，也是最依赖社交软件的一群人。

红杉中国发布的《创造未来——红杉 00 后泛娱乐消费研究报告》显示，94% 的 00 后都有智能手机，最在意的产品特性是社交性、潮流性和个性化。

报告也指出了00后的群体特征：他们的父母教育背景良好，双方均为本科及以上学历的人群占比为45%，这使得00后智力发育水平较高，且独立决策意识和能力都较强。

00后的移动互联网使用经验更加丰富，平均每人使用的App数量是22个，每天在移动互联网上花费的时间是4.7个小时。在移动互联网的普及和智能手机的影响下，00后成为对和陌生人交友接受度最高的一代人，有一半的社交诉求集中于“扩列”。00后习惯使用社交软件的主要原因是孤独，他们需要在社交软件上找到能陪伴自己的人，他们离不开智能设备，因为智能设备能给他们安全感。

闪聊发布的《00后移动社交行为报告》显示，由于社交链还未形成，00后对和陌生人交友的接受度史前最高，有40%的社交诉求集中于“扩列”。同时，00后社交的“标签化”更加显著，他们似乎更愿依靠“标签”来聚合兴趣相同的朋友，谈论游戏、动漫、影视剧、二次元等兴趣的圈层交友占比达40%。

每个年龄段的人都有属于这个年龄段独特的社交方式，80后社交讲究效率和目的，90后社交追逐激情，而00后社交则已经从看脸的时代过渡到看灵魂的时代，讲究灵魂的契合，找到能懂自己的人。

00后喜欢用的社交软件呈现出多媒体化的特点，视频、语音、增强现实（AR）技术越来越多地被00后接受。对于他们而言，社交产品更像一面镜子，他们通过镜子看到与自己相同的人，增强自我认同感。

三、开启二次元模式，看不懂说明你老了

“魔都cp26已经开始啦，有麻油小伙伴一起面基”“集邮的，这里CN烈子，一起去GD小哥哥小姐姐鸭”“帮k一下”“扩列也阔以”“我安静如鸡”“国家一级躺列窥屏选手”……

这些话，你懂了几句？看不懂就说明你老了！其实这只是动漫爱好者逛漫展前发布的消息。

对于00后而言，二次元已经成为他们娱乐生活的一部分，甚至是社交活动中的一张名片。以弹幕视频为主的A站（AcFun）和B站（bilibili）、以漫

画为主的布卡漫画和快看漫画及社区属性较强的第一弹等，都是00后的最爱，很多00后痴迷的产品都烙有二次元的印记，二次元在00后的社交标签中占据了绝对高的流量。

二次元中的很多设定都是虚构的，但却承载着一种精神文化。二次元剧情或励志或热血或搞笑或治愈，这对00后产生了良好的引导作用。在现实生活中，很多00后在日常经历中没有感受到热血、励志的情感，所以在这方面是缺失的，通过二次元可以得到很好的弥补。

二次元角色设定一般都很完美，比如快乐、自由、主角光环。如此完美的角色，怎么不令00后喜爱呢？完美的角色，让漫迷们时刻都能感受一丝温暖，同时这也是他们对自己人生理想的一种渴望。

二次元营销，已经成为品牌年轻化的利器。比如，康师傅就与人气IP《斗罗大陆》进行了一次打破次元壁的跨界合作，推出两个关于主角唐三和小舞的番外故事，让藤椒牛肉面和酸辣牛肉面成了提升主角魂技的特殊道具。再加上一番热闹的线上线下传播，此次合作迅速引起二次元爱好者的共鸣，微博上相关话题阅读量迅速过亿。

四、强 UGC 属性：更强的内容创作和分享意愿

00后群体受多元文化、传播内容的影响较深，加之其本身也具有较强的内容创作和分享意愿，因此UGC（用户生成内容）属性在00后的内容产品中表现突出。单从二次元文化来讲，类似“本命”的二次创作需求就足以撑起众多平台，B站就是典型的例子。

2020年第一季度，B站月均活跃UP主数量达180万，同比增长146%；其月均投稿量达490万，同比增长138%。B站UP主中近40%为00后年轻群体，B站中超过90%的内容是用户自制和原创的。由此可见，UGC是B站的一大特色，也是B站走向辉煌的一大法宝。

在国外的YouTube、Vine以及国内的快手、抖音等短视频平台中，UGC是目前的主要模式之一，影响力大、粉丝众多的网红则是这些短视频平台的活力源泉。除了内容创作方面更有激情外，00后群体当然也愿意将创作的内容分享给身边的朋友。一项调查显示，85%的00后在线上分享过内容给朋

友，其中最爱分享的内容是有趣的冷知识。

社交故事、临时动态类的 UGC 内容对用户有很大的吸引力。Snapchat（色拉布）报告显示，97% 的受访者表示自己会观看朋友或网红上传的短视频，其中，74% 的受访者至少每天都会观看 UGC 内容，这一比例在 95 后和 00 后中占比高达 80%。

江小白让产品本身成为精彩 UGC 内容的载体，准确捕捉到用户的情绪，使用户产生共鸣。一汽马自达推出的品牌音乐短片——《走自己的路》，通过征集用户故事，让产品直接与用户对话，建立与用户心连心的沟通。一汽马自达将品牌主张与用户 UGC 完美融合并带入生活场景中，让精神和产品伴随着用户前行，不得不说这是成功的 UGC 营销案例。

五、为兴趣付费，泛娱乐消费习惯已养成

红杉中国发布的《创造未来——红杉 00 后泛娱乐消费研究报告》显示，00 后呈现出猎奇心重、追求新鲜有趣、娱乐至上、喜好多样且个性化、独立与创意兼具的特点，他们渴望追求热点，奉行娱乐至上的消费理念。当 00 后的这些特征汇入消费市场中，泛娱乐消费也就成为这一代人主流的消费趋势。

这份报告还显示，社交、音视频、游戏类内容占据 00 后八成以上的泛娱乐消费市场，直播短视频成为 00 后喜爱的网络生活方式，搞笑视频、段子成为备受 00 后追捧的内容。二次元已经成为 00 后的专属标签，热血动漫受到 00 后的追捧。

00 后更愿意为兴趣付费，他们的泛娱乐消费付费习惯已经养成。在被采访的 00 后人群中，87% 的 00 后都在泛娱乐领域有过付费行为。腾讯发布的《00 后研究报告》显示，00 后受到移动互联网普及、物质生活优越这两方面的影响，更喜欢决定做自己想做的事情，他们有更大的财务自主权，可以确定想要进行深入挖掘的领域。00 后对某领域的深入判断，致使其更愿意为自己的兴趣付费。62% 的 00 后“愿意在自己感兴趣的领域投入更多的时间和金钱”。

对泛娱乐领域的企业或者想借助娱乐营销的企业而言，获取 00 后用户的最好方式就是快速与其产生联系，并让其真正融入、有效感知与真实反馈。

无论是品牌形象气质贴合、对用户需求精准或主动推送，还是提供量身定制的产品与体验，对00后用户的转化率和黏性提升都有不小的作用。

六、商业竞争的本质是对消费者注意力的争夺

从一定意义上来说，争夺注意力是一切商业活动最底层的逻辑。谁抓住了注意力，谁就抓住了商业竞争的本质。互联网的飞速发展，带来的是信息的爆炸和泛滥。垃圾信息、碎片化信息充斥着我们的生活，也让注意力成了一种稀缺的资源。

人们的注意力越来越难以集中了，这是一个注意力高度涣散的时代，也是一个注意力高度集中的时代。谁能吸引消费者的注意力，谁就能取得这场战役的胜利。当前，如何能在最短时间内脱颖而出、抓住年轻人的注意力成为品牌商需要思考的问题。

在信息时代，消费者注意力的广度拓展了，深度却在降低，也就是说，注意力的稳定性在变弱、持续集中注意力的时间在变短。为了抓住年轻人的瞬间注意力，品牌商的营销手段必须简单明了、极具创意，甚至逆“潮流”、反叛、哗众取宠。

00后更喜欢谈论街头文化、二次元、综艺节目等，但若以此与年轻人展开对话，结果往往不理想。还有的品牌商认为，只要把年轻人喜欢的元素堆叠在一起，就能在他们心中留下品牌认知。实际上，在这个注意力稀缺的时代，流于表面的年轻化营销活动已经难以在诸多品牌中脱颖而出，吸引用户眼球。品牌是基于人格魅力而来的信任与爱，只有有态度、有个性、人格化的品牌，才能吸引消费者的注意力。

江小白文艺深情、小茗同学呆萌可爱、杜蕾斯风趣幽默还有些“污”、海尔官微性格好又活跃……这些品牌个性越清晰，就越容易受到00后消费者的青睐。

八、抓住年轻人，就抓住了他们的父母

40%的父母会浏览子女的朋友圈，但是52%的子女会屏蔽父母的朋友

圈；51% 的子女认为不会得到父母的支持，但是 78% 的父母表示会支持。这是腾讯发布的《朋友圈年度亲情白皮书》中的数据。

“爸妈，永远是世界上最支持我们的人，这个新年，碰杯两次，对他们说声谢谢。”这是百威在 2018 年春节季的情感营销广告，从打动用户，到巧妙植入品牌，百威在这个春节营销的关键时刻表现出色，带来了一场刷屏级的营销活动。

2019 年母亲节前夕，王一博突然更新动态，说自己“粉”上了一个偶像，要为偶像疯狂打 call。随着“王一博粉上了谁”悬疑事件的不断发酵，一款专为中老年人群定制的奶粉——伊利欣活，调动年轻人群的热情，引导粉丝为父母应援，不仅促进了销售，还实现了伊利欣活品牌美誉度的提升。

此前，伊利欣活着重在中老年人群中发力，但中老年产品市场日趋饱和，于是伊利欣活把目光投向了新的发力点——年轻子女人群。年轻人早已厌倦了套路，定式化的营销内容根本无法引起他们的共鸣。伊利欣活对年轻人群进行了近距离的观察和深刻的分析，发现他们对偶像情有独钟，已经发展出自成一派的语言体系和表达方式。因此，要想真正打动年轻人，就要用年轻人喜欢的方式与之沟通；要想引导年轻子女关心父母、增加与父母的情感交流，就要让他们意识到父母生活的丰富多彩，鼓励他们为父母应援，而不是强迫他们向父母尽孝。

伊利欣活打造了一个热词“亲生饭”（如图 4－1 所示），使用解锁花絮视频、扩散王一博表情包等玩法，跟年轻人一起玩了起来，并号召粉丝与王一博一起“为父母的精彩生活应援”，成

图 4－1　伊利欣活打造热词

功将流量爱豆粉丝导流到品牌官方微博，引发了社交裂变和购买行为。从这个案例中也可以看出，抓住了年轻人，就抓住了年轻人的父母。

八、年轻派营销：得年轻人者，必得天下

年轻人已经登上世界的舞台，并逐渐成为消费升级和新经济的主力军。所以，对很多品牌来说，得年轻人者，必得天下。

在这个“以用户为中心”的时代，每个品牌都在研究年轻人的喜好，年轻人受重视程度远超以往。新生代消费群的消费能力和心态都在发生转变，他们对产品的追求也早已超过功能层面。如何满足他们的需求、创造出新的价值，是所有品牌共同面对的课题。

得年轻人者得天下，我们以为自己了解年轻人，但我们真的了解年轻人吗？我们真的要去研究他们的喜好、揣摩他们的感受，去和他们产生情感共鸣吗？

00 后对固定的产品对象没有忠诚度可言，他们不喜欢受到约束，更喜欢有利于自己的开放式消费形式。他们大多是颜控，喜欢为高颜值产品埋单，产品细节的设计更能打动他们。00 后消费者渴望做正确的、符合自身气质形象的事情，拥抱有目的的生活，更加倾向于选择符合自身气质的品牌和产品。

了解了 00 后年轻人的这些特性后，如何针对 00 后开展年轻化营销呢？

00 后年轻人容易被有价值理念的品牌所吸引并自愿进行传播。因此，品牌首先需要拥有真诚、谦虚和社会责任感三个特质。其次，00 后更喜欢那些看起来符合自身气质的品牌，品牌如果只是单纯地模仿一些 00 后使用的标签和元素，结果往往会适得其反。最后，品牌商利用数字营销在社交媒体上与他们进行深度的内容沟通，将极大地提升品牌与他们的连接度。当然，还要强化参与，奖励忠诚消费者，这些举措往往会收到意想不到的效果。

第五章

变革：打造属于年轻人的品牌

一、以变应变，品牌营销战略升级

这是一个快速变化的时代，我们的工作、生活及商业模式，都因为移动互联网时代的全面到来而发生了深刻的变化。同样的，品牌营销理念也被重构，甚至出现了部分颠覆。对于营销而言，“创新”和“变化”始终是其核心灵魂，只有跟得上时代的变化，才能赢得未来。

移动支付、移动购物、微信、微博、抖音、滴滴打车服务、知识付费营销、带货直播等，随着4G的全面普及，我们的生活发生了天翻地覆的变化，而在以往，这些事情超乎我们的想象。原来我们所熟悉的一切，几年间就发生了巨变。

对于营销而言，4G时代品牌营销发生的重大改变主要是社交文化的升级、品牌运营与推广工具的升级、品牌玩法的创新和个人IP的强势崛起。

从QQ开始，人人网（校内网）、开心网、微博、微信等相继发展，4G的到来大大改变了我们的社交模式，也诞生了社交亚文化。在高效链接的背后，个人价值极速凸显，相同价值观与市场诉求的人们聚集到一起，造就了一个个知识社群、游戏社群、明星粉丝社群、母婴社群等。各种亚文化和独特的群体意识和认知，成就了自媒体的空前繁荣。

跨界营销、事件营销、借势营销、社群营销、IP营销等营销新玩法层出不穷。KOL、网红、知名企业家、当红明星、跨界达人等，在移动互联网里，他们成为拥有极高关注度和超多流量的主角。

现在，5G移动互联网时代已经到来，对于营销而言，网速的升级将引发应用与管理工具的升级、表现策略的升级、人机交互的升级、交易逻辑的升级、参与范围的扩大和传播与社交文化的全面升级，品牌营销的信息效率将会得到全面释放。

今日头条、微信朋友圈已经能够进行用户画像和品牌内容的精准投放，在5G时代，这样的平台在数据管理和用户精准化方面势必得到更大的提升。同时，品牌与用户需求、内容与用户之间的距离都将进一步缩小，营销效率将大幅提升。

从图文到视频、直播、短视频，消费者接收信息的方式，实现了从静态到视听动态的转变；从品牌海报到H5（一系列制作网页互动效果的技术集合，也即移动端的web页面）、长网页、小程序等，消费者与品牌在互动介质上，实现了从单向输出到高频交互的转变；从PC网站出发，到微博、微信，到今日头条、抖音、知乎，再到喜马拉雅、荔枝微课等，品牌内容的表达途径也获得了极大的拓展。

在5G移动互联网时代"万物皆媒"模式下，品牌内容的创新和交互玩法更加多样，品牌商也将打破用户对品牌内容显意识与潜意识的界限，从人性底层出发，重构新的品牌营销玩法。

二、不光要抓热点，更要学会看趋势

营销要抓热点，这固然没错，但是更要学会看趋势。市场永远在变，营销人需要做的就是把握趋势，顺势而为。

通过对热点的捕捉、借力，从而触达消费者群体，点燃其消费热情。抓热点的借势营销，能节省大量成本且效果不错，被企业广泛运用到营销传播中。通过消费者对热点话题的关注，成功地把品牌的文化价值和情感诉求在不经意之间告诉受众，从而实现让更多人知道和让知道的人更喜欢的目的。只要热点是正向的、和品牌相关的，找到热点与品牌、产品的结合点，就可以跟进。

2020年，哪些营销趋势值得我们关注？

第一，直播带货排首位。他用一声声的"偶买噶，拍它"，让无数女孩买他推荐的商品。"口红一哥"李佳琦火了，也让无数的品牌商看到直播的威力。我们在线上购物无法亲身体验产品，而直播带货的主播可以代替我们体验，替我们感受，并向我们进行全方位的展示。在展示的过程中，主播还可以与粉丝互动，让粉丝沉浸于购买场景。而大主播更是有流量加持和信任背书，一场直播下来，动不动就拥有上亿元的销售额。

第二，视频营销依旧火热。短短几年时间，抖音、快手等视频软件快速崛起，微信朋友圈也新上线视频号，这将给商家带来新的流量红利。视频营销是企业应对视频化信息传播的重要手段，有效的视频营销可以帮助企业快速打开市场。

第三，“国潮”崛起势不可挡。把大白兔奶糖的香涂在手上，将600年故宫的美抹在脸上，把六神花露水的味揉进酒里，除此之外还有泸州老窖香水、青岛啤酒外套、老干妈卫衣……越来越多的传统品牌与潮流文化相融合，深受年轻人喜爱。“国潮”的背后则是供给的创新。一系列为满足年轻人对品质、文化、个性等需求的创新，正推动国货不断焕发新的神采。

第四，品牌IP化。最近几年，越来越多的品牌要么跨界与其他IP联名合作，要么自己打造IP形象。IP化特别适合在碎片化传播中实现稳定的价值传播，并建立情感共识。在未来，IP化很可能会取代品牌形象的工作。

第五，数字化营销将更火。越来越多的企业借助数字化营销手段深耕存量用户，使宣传更精准、互动更有效，从而促使销售增长。如何快速高效地进行以消费者为中心的数字化转型，成为每个品牌必须攻克的难题。为了满足消费者“随时随地即得满足”的个性化需求，精准追踪、洞察预测的数字技术将在营销领域中发挥更大的作用。数字化带来的互动市场环境，将迫使企业营造跨界、跨媒体的管理作战中心和信息流动中心。

未来，营销可能不仅仅是实现数字化、移动化、物联化、互联化和智能化，还有更多无法预测的可能。但无论怎么变化，消费者参与权、话语权的增强必然加速让营销回归人本。

三、什么样的价值观营销才能打动新一代消费者

现代营销学之父菲利普·科特勒（Philip Kotler）曾说：“新一代的营销必须是价值观营销，更注重企业的人文关怀和社会价值。”品牌必须有明确的价值观，否则这个品牌就没有鲜明的性格和主张。而价值观如果践行不力，又会失去用户和市场，只有真正落地的“价值观营销”，才能引发年轻消费者的共鸣。

在消费升级新时代，商业广告及营销活动的观念无疑正在影响着人们的消费欲望以及对理想生活的想象。而新一代的消费者是具有独立思想、精神的完整个体，只有商业价值与社会价值并行的品牌，才能真正打动他们。

维护并宣扬品牌的价值观，是很多知名企业的共识，也是这些企业打造百年金字招牌的秘密。越来越多的品牌，正在通过更有社会责任感和现实意

义的价值观营销，试图打动新一代消费者。以耐克为例，它很少做关于产品的宣传，但它的品牌理念非常清晰，就是“JUST DO IT”。这是一种体育竞技精神，是勇于挑战自我、不言败的顽强精神。耐克后来做跑步者的社群，把拥有相同理念的人和热爱运动的人连接在一起，让营销回归了价值观。

对于很多企业来说，品牌只是一个浮于表面的标签，仅仅代表了质量好、服务好、档次高，要想做到品牌无处不在，必须使受众认可产品是一个差异化的精神产品和文化产品。品牌一定要具有价值观的认同，这才是品牌能够赢得用户最重要的一点。

同样是火锅，为什么海底捞的价格偏高却依旧受到消费者追捧，消费者即便排长队也甘愿？这背后其实是海底捞的服务价值，服务价值就是海底捞的品牌。简而言之，是品牌认同感让消费者选择了海底捞。

苹果公司的产品定价那么高，为什么依然拥有大量的粉丝，且粉丝愿意持续购买苹果产品？这是由于粉丝认同苹果的品牌价值，认同苹果带来的极致体验，认同苹果高度流畅的系统，认同苹果对消费者的隐私保护做到了绝密级别。

这就是品牌认同感，是消费者对品牌价值的认知，并且在心理层面对品牌价值观的肯定。有了品牌认同感，就会减少消费者在选择品牌时的思考时间，进而直接选择他认同的品牌的产品。

越来越多的消费者为品牌价值观而来，他们愿意为认同的品牌价值观埋单。在移动互联网时代，如果不能树立自己的品牌价值观，企业就难以和精神层面需求颇多的消费者进行深度沟通。

认同感在促进消费决策上所起到的作用，正被逐步强化。虽然产品并非活物，其属性和效果也是固定的，但只要消费者对你的品牌产生了认同感，那么这个认同感就可以帮助你在消费者心中形成无数个“买买买”的理由。只有敢于输出价值认同，才能收获市场认同。品牌必须拉近与消费者之间的距离，敢于向消费者直面输出品牌价值，才能打动年轻消费者。

四、做且只做属于年轻人的专有品牌

以前，产品成功的逻辑是什么？是做大众产品，或者更具体地说，企业的成功是建立在大众社会的基础上，满足大众需求。基本上，这样的产品比较平庸，没有满足用户（用户群）各自需求的差异点。随着95后、00后人群的崛起，企业不能再照搬旧有逻辑了，而要做属于年轻人的专有品牌。

现在的95后已经成了N个小众群体的集合，因为他们不同的兴趣、立场、信息源等，会和其他人形成越来越深的语境鸿沟。世界在分裂，分裂出的每个板块都是机会。当社会基础改变之后，产品成功的逻辑也会跟着改变。大众品牌、老少皆宜的品牌，大概率会被众多的新兴品牌和小众品牌所超越。所以，做到产品、品类细分或者做属于年轻人的专有品牌，才是成功之路。

例如，一开始，牙膏的主要功能是清洁口腔、清新口气，防蛀其实是一个次要功能。但是，随着经济发展，大家越来越重视防蛀，佳洁士和高露洁顺势而起，把防蛀作为主要卖点，推出防蛀牙膏。

智能手机取代功能手机也是如此。在诺基亚主导功能机的时代，有些手机也有智能功能，但没那么重要。苹果手机把智能变成了主要诉求，把通话和通信放在次要位置，由此开创了智能手机时代。不得不说，品类分化或细分是企业做强品牌的一个好机会。

如何做年轻人的专有品牌？这需要洞察人性和趋势。要认真研究自己产品的用户群，不要想着一个东西能卖给所有人，那是不可能的，找到自己的细分群体就够了。

要想打造年轻人的专有品牌，必须对自己的产品有明确定位，细化发展战略，一步一个脚印地实现小目标，并且持之以恒，走好差异化道路。比如，沃尔沃主打“安全”，宝马主打“驾驶的乐趣”，奔驰主打“尊贵身份”；凉茶王老吉主打“防止上火”，红牛主打“补充能量”，和其正主打“熬夜伤神补元气”，这些品牌之所以如此成功，都是抢占了某个品类，在某个细分领域做开创者或领导者。

但并不是从生产大众化产品转型到只生产针对年轻人的产品，就是品牌年轻化了。从品牌方面来说，是否年轻，并不取决于目标群体是否是年轻人，而主要看品牌是否像年轻人那样有活力。所谓的品牌老化，是指品牌定位后一成不变，不愿意再接受任何新鲜事物，不再进行与时俱进的变革。

品牌在发展过程中，不断地注入时代的基因和元素，与时代脉搏时刻保持一致，并且在市场上保持着青春活力，才是品牌年轻化的核心所在。

五、品牌年轻化：从形象到内在吸引年轻人注意

品牌与产品一样，都有自己的生命周期，唯有不断进行年轻化迭代，才能保持品牌活力，不被年轻用户抛弃。越来越多的品牌正在朝年轻化转型，但品牌年轻化并不是换个年轻化的包装或者形象，抑或在微博、微信上写写段子、卖卖萌那么简单，只有由外及内的年轻化才能真正吸引年轻人的关注。

要使品牌年轻化，外在的品牌形象必须朝年轻化升级及优化。品牌形象一定要更加具有现代感和年轻化，以适应未来消费人群的审美。包括商标、VI（视觉识别系统）、包装、线上线下的相关视觉宣传物等，都是品牌年轻化的基本工作。一成不变的老套形象将会失去消费者，使品牌在激烈的市场竞争中处于劣势，甚至被市场淘汰。

很多品牌一提到品牌年轻化，就想到要改商标、改广告语、启用新的代言人等方法，但品牌年轻化绝非这么简单。品牌年轻化绝不是停留在表面形式，而是要在产品需求层面、用户渠道层面等全面地与年轻群体沟通。通常来说，年轻群体对产品的平面视觉、外观包装、产品设计、产品交互、使用度等方面都有了比以往更高的要求。

品牌年轻化除了重视外在层面，也要重视内在层面。比如，产品、价格、用户、渠道、策略等的相关市场营销定位，都要围绕年轻化做系统的调整。另外，企业的文化理念、公司管理、顶层设计、人力结构等也需年轻化，只有由外及内、内外一致、全面的优化升级，才是真正的品牌年轻化。

品牌要达成与年轻人一致的步调，需要有年轻化的品牌内涵，这样才能避免流于表面。比如，2017 年锐步签约王德顺、袁姗姗、吴磊三位作为大中华区的品牌代言人，王德顺当时已经 81 岁。但是这个组合却出人意料地传达出了“年轻”的概念，因为他们体现出一样的态度：突破极限，坚持自我。锐步还宣扬了一种“打破年龄限制，活出自己”的理念，与年轻人敢于探索、突破的心态和追求非常一致，因此大受好评。锐步的品牌宣言是“炼出至我”，这样的品牌内涵非常具有年轻化的气息，也很符合产品的特性。可见，品牌的年轻化是要由外及内，并且要让消费者明白品牌究竟具有怎样的内涵，从而得到他们的认同。

六、品牌个性化：注重与年轻人的内心沟通

“最终决定品牌市场地位的是品牌本身的性格，而不是产品间微不足道的差异。”广告大师奥格威如此说道。

而他所说的品牌性格其实就是品牌个性。品牌个性是品牌价值的核心体现，要想提升品牌价值，就必须塑造出鲜明的品牌个性，否则，品牌就会被淹没在汪洋大海中，起不了任何波澜。

在残酷的市场竞争中，消费者往往钟情于具有品牌个性的产品，为什么呢？因为品牌个性切合了消费者内心最深层次的感受，以人性化的表达触发了消费者的潜在动机，消费者会选择代表自己个性的品牌，从而把品牌价值突显出来。

物品要选独特的，生活要与众不同的，别人的目光是无所谓的，比起获得他人的认可，他们更在意自我满足，这就是当代年轻人的处世哲学。和被别人冠上某种称谓、贴上某种标签相比，他们更希望活出自我，并自由表达自我。

这个时代的年轻人个性化十分明显，但任何品牌都无法做到让所有年轻人都喜欢。所以，品牌及产品的核心受众是每个品牌必须首先明确下来的事情。品牌年轻化一定要从品牌的核心精神和态度入手，形成年轻的品牌价值观，去发现目标消费群的需求，找到共鸣点，让他们对品牌产生认同感。

对于每天都要应对广告狂轰滥炸的年轻人来说，常规的营销套路他们已经司空见惯了，他们面对持续的广告灌输已变得麻木，甚至产生抵触情绪。要想真正占领年轻人的心智，就必须对他们有足够深刻的理解——站在他们的角度，摸清他们的态度，并找准现象背后的共鸣点。品牌商只有将这份理解融入具体营销行动之中，才能真正触及用户的内心，实现有效沟通。

国产手机品牌 OPPO 就非常注重与年轻人的内心沟通，并走出了一条个性化品牌营销之路。在产品方面，OPPO 一直都在机身设计、拍照、续航、使用体验等方面不断进行技术创新，持续提供最适合年轻用户使用的手机精品。在品牌营销方面，OPPO 摒弃了传统的明星代言方式，创新地组建了 OP-PO 明星家族，通过打造超强明星 IP 的方式吸引年轻人关注。OPPO 还通过举

办超级明星演唱会的方式为年轻用户奉上视听盛宴，从而更好地与年轻人进行沟通。

七、品牌时尚化："老字号"也能融入年轻消费圈层

在上海市政府举办的2020年"五五购物节"中，中华老字号、上海老字号等老品牌争奇斗艳，上新品、玩直播、推体验。很多消费者不禁感慨：这哪里是老字号？明明就是最时尚的新国货。

在消费升级大趋势之下，近年来老字号都在朝时尚化、年轻化方面发力，全线突破，以努力适应年轻消费者的需求。做粽子的五芳斋不仅卖起了月饼，更开起了无人餐厅；老字号美加净推出大白兔奶糖味润唇膏；125岁的稻香村与600岁的故宫联合设计生产系列中式糕点……在95后、00后已成为消费主力的当下，不少中华老字号纷纷借助科技、大数据等新零售业态推陈出新，在品牌传承与创新中"逆龄生长"，主动融入年轻消费圈层。

老字号是一笔丰厚的历史资产，也是一种价值信仰和文化沉淀，更是让人放心的高品质的象征。坚守老字号品质，拥抱新时代的变革，对五芳斋来说是一体两面、并行不悖的。当代年轻消费者讲究品质和体验，对产品包装的创意和颜值都有更高要求，这就需要老字号真正了解和理解他们的需求，坚持工匠精神，创新形式，让线上线下融合发挥最大价值。

2018年中秋节前夕，五芳斋在上海主办了一场"朗月故事馆"的线下直播活动，此次活动是将中国传统文化和年轻人喜爱的新潮直播方式相结合的一场新品推广活动。借助活动，五芳斋向新一代年轻人传递了传统文化，把团圆的真情和糯月饼的真味，传递给众多渴望团圆的年轻人。

最近几年，美加净不仅大力推动产品研发和设计的年轻化迭代，也迅速应时推动品牌的年轻化升级，以内容为核心，创新时尚趣味的互动方式，主动融入年轻消费圈层。创立于1962年的美加净推出过中国第一支护手霜，而诞生于1959年的大白兔是深受国人喜爱的糖果品牌，两个品牌合作激活创新基因，在年轻化的道路上迈出坚实的步伐。美加净大白兔联名款奶糖味润唇膏，就因为主动融入年轻消费圈层而赢得了网友的热捧。

在销售、品牌宣传及跨界合作等方面，老字号也没少下功夫，带来很多

时尚的玩法。比如老字号吴裕泰，其在茶行业最早开通官方微博和微信，现在有十几万高黏性的粉丝，还用年轻人喜欢的 H5、VLOG（微录）、表情包、短视频等宣传产品与品牌，融入年轻消费圈层，与他们互动对话。

八、品牌拟人化：决胜心智营销时代的必杀技

从海尔兄弟到三只松鼠，从百草味的抱抱熊到百雀羚的因雀思听，伴随着互联网的发展，拟人化的品牌营销正逐渐成为各大品牌的营销新手段。在我们日常生活中，品牌拟人化的现象俯拾皆是。比如，上海鲜饮连锁品牌“路飞堂”之所以深受消费者喜爱，正是得益于其拟人化的品牌营销之道。让每款鲜饮都变得有性格、有特色，这种创意帮助路飞堂俘获了众多年轻消费者的心。

“定位之父”杰克·特劳特表示，现代营销的战场从本质上讲已经不是货架，而是消费者的心智。如何能有效地让品牌在消费者的心智中占位，是赢得营销战的关键。“现代营销学之父”菲利普·科特勒则认为，当不同品牌的功能差异不大的时候，品牌如果想要突破消费者的心智，必须建立有效沟通，让消费者在品牌上找到归属感。只有赋予品牌生命，让品牌主动和消费者沟通，才是真正的有效沟通。

随着时代的发展，早期简单粗暴的价格战已经无法吸引消费者。品牌想要获得消费者的持久关注，不能仅仅停留在“赚取眼球”这个层面，而是要从深层突破消费者的心智。极富人性的品牌不仅可以加深消费者对品牌的印象，更重要的是可以帮助消费者在品牌中找到归属感和信任感，以心换心，形成心灵共振，从而让消费者与品牌建立持久的友好关系。

锁住消费者的眼球是突破消费者心智的第一步，只有重视品牌形象的塑造，让品牌形象更独特、更差异化，才能在众多竞争对手中脱颖而出。美国加利福尼亚州米蒂姐妹酒庄在推出 12 款葡萄酒的时候，根据葡萄酒的品种特性进行命名，如“长相思”葡萄酒名为“冲浪小妞”，“赤霞珠”葡萄酒名为“恶作剧制造者”，等等。消费者通过这些外号就能了解每款葡萄酒的特性，然后根据自己的需求很快就能做出购买决定。最终，这种拟人化的品牌策略让米蒂姐妹酒庄赢得了良好的市场反响。

赋予品牌“人”的生命，让品牌成为一个有着特殊身份的“人”，就要让它拥有特殊的文化内涵和精神气质，承载独特的价值理念。新秀白酒品牌江小白的成功也是得益于对品牌气质的准确把握。它把自己定位为面向80后、90后消费群体的“青春型白酒”，为了突出“青春”气质，江小白在包装设计和宣传方面下了很大功夫。比如，在江小白的包装上印着一个年轻小伙子的卡通形象，将品牌形象拟人化，更能亲近年轻人。当消费者拿起酒瓶，看到这个戴着眼镜、围着围巾的小伙长着一张大众脸时，就会感觉像看到了自己。“关于明天的事，我们后天就知道了”“生，简单；活，简单；怎么生活就这么不简单？”……这些独树一帜的语录揭示了江小白青春简单的个性，透露了略带自嘲的文艺青年情结。

品牌拟人化的关键就是要从消费者的角度，赋予品牌“人”的生命，找到品牌的价值观、个性、年龄、气质以及故事。当品牌代表的不仅仅是一个简单的商标、符号、标识语，而是一个能和消费者对话、沟通并达成共鸣的“人”的时候，品牌一定会在这场“心智战”中脱颖而出。

九、品牌故事化：情怀支撑故事，搅动年轻人的世界

“主人，您订购的鼠小箱正快马加鞭地向您飞奔而来。”三只松鼠的短信既形象又生动。三只松鼠的情节代入感很强，他们将产品和品牌加以故事化和情感化，最终让产品不再只是零食，让品牌名不再只是一个名称，而是让消费者对其产品形象、产品故事等产生一种发自内心的喜欢，从而被深深地打动。

当前，很多产品都是工业化流水线上生产出来的，但是它们还可以带有情感，能讲出故事，从而引发消费者产生情感共鸣，最终达到刺激消费的目的。在当今时代，广告琳琅满目，容易吸引消费者眼球，但也容易被消费者迅速遗忘，而一个高质量的品牌故事，不仅不会增加营销成本，反而会使营销效果事半功倍。

海尔砸冰箱，砸出零缺陷，从而让人们认识了海尔，通过这个故事，人们相信了海尔产品的品质。王石用一个登山的故事，为万科节省了3亿元广告费。新百伦携手李宗盛，在视频《致匠心》中用信念打动人，使品牌“逼

格”陡然提高了一大截。没有人会拒绝走进内心的东西，而故事，会让你的品牌更显“高逼格”。

在这个快餐式消费时代，讲故事开辟了品牌与消费者新的沟通方式，双方不再是单纯的买卖关系，而是讲述者与倾听者的关系。通过讲故事，可以让消费者对你的公司和产品产生信赖，甚至主动成为企业的品牌传播者。

在这个更强调服务和概念的时代，创新型和多样化的故事叙述将成为介绍产品、服务和品牌内涵最有力的手段，它有着连接品牌、产品和消费者的惊人能力。2018 年 5 月，RIO 微醺携手周冬雨推出了品牌最新电视片广告《微醺恋爱物语》，内容讲述了一个弥漫少女气息的甜蜜暗恋故事。故事的最后没有给出肯定的结局，留给消费者更多的是想象空间以及品牌想要传达的“微醺”的效果。RIO 利用真实可感的生活故事来引导消费者进行自我情绪和状态的表达，使得 RIO 微醺“一个人的小酒”的定位逐渐深入人心。

有温度的品牌故事是消费者所偏爱的，并且是乐于分享给朋友的。这就要求品牌在讲故事的时候一定要走心，切忌本末倒置，过度注重故事本身而忽略消费者的情感体验。只有态度足够真诚，才能从根本上打动消费者，品牌才能成长为消费者信赖的品牌。

十、符号化表达：品牌活色生香，让年轻人过目不忘

香奈儿给人留下的印象是精致、优雅，彪马给人留下的印象是年轻、有活力，阿玛尼给人留下的印象是精英、品质。提到一个品牌，你的脑海里就会浮现出对该品牌的简单印象，这就是该品牌“符号化”的表现。

消费者是如何通过品牌符号认同品牌的？大多会遵循这个逻辑：辨别品牌—记忆品牌—认可品牌—归属感形成。品牌符号能够提高消费者的信任度和记忆度，让消费者过目不忘，降低引流成本，提升品牌自然流量。

简单的品牌符号化，就是为品牌设置一个醒目、有辨识度的商标。当品牌符号化往更深层次发展时，品牌符号往往会成为某种价值观的浓缩和具备特定属性的消费人群的群像缩写，承担了重要的社会属性功能和价值观归属使命。

成功的品牌形象识别能够让人一目了然，同时能够引发消费者诸多正向

的联想，达到吸引消费者注意力、展现品牌价值的目的。比如，麦当劳的招牌有着明显的金黄色双拱门“M”标志，象征着欢乐和美味，站立在门口的麦当劳叔叔，作为品牌象征物，和蔼可亲、笑容满面，深受大家的喜爱；肯德基的桑德斯爷爷则给人一种亲情、温暖的印象；沃尔沃的品牌商标很像安全带，恰如其分地表现出了沃尔沃的核心价值——安全。

品牌符号拟人化，更易于突破消费者的心智。我们可以把品牌看作一个人，他有自己的价值观，有自己的情绪、个性及习惯，如果消费者认同甚至喜欢上了这个人，那么品牌就自然而然地占领了消费者的心智。所以，品牌拟人化的关键就是要从消费者的角度，赋予品牌“人”的生命。

品牌符号个性化，更容易吸引消费者亲近。品牌符号能否传递出个性化的信息，对于能否吸引年轻一代消费者显得至关重要。这也是万事达卡（MasterCard）重新设计自己标志的关键原因。一个品牌能否受到消费者的欢迎，很大程度上要看品牌形象是否具有真实感，或者说是否具有亲和力，要看消费者能否通过品牌符号读出与自己存在关联、个性化的信息。

弱化文字信息，强化图形视觉的表现，成为当前商标形象设计的一大趋势。耐克是较早这么做的，苹果公司、麦当劳以及其他诸多品牌也运用了同样的策略，强化图形标识，弱化商标中的文字信息。

品牌视觉是第一生产力，从一定意义上来说，企业及品牌、产品的任何行为都与视觉密不可分，这就要求我们的品牌及产品形象要第一时间被消费者识别、关注、接受、认同、青睐和依赖。

第六章

突围：营销要抓住年轻人的心

一、找准品牌与年轻人之间的连接点

营销的关键除了树立品牌形象之外，更重要的是找到品牌与年轻人之间的连接点。正所谓目标人群在哪儿，品牌就在哪儿。找到了连接点，就可以吸引年轻人关注，激发他们的参与热情。这个连接点可以是多种多样的，如网络文章、漫画、短视频、H5、小游戏等，借助这些连接点，就可以让品牌直接与用户建立联系。

比如，品牌方可以通过高质量的内容，直接缩短传统 AIDA 模式（也称爱达公式，指一个成功的推销员必须把用户的注意力吸引或转移到产品上，使用户对推销人员所推销的产品产生兴趣，这样用户的购买欲望也就随之产生，尔后促使其做出购买行为，达成交易），从引发用户关注到促成购买，整个营销的链路变得更短，用户与品牌之间的互动变得更快，优质的内容甚至可以激发年轻消费者与品牌产生共鸣，实现情感共振。

2014 年 4 月，《我为什么辞职去卖肉夹馍?》一文刷爆微信朋友圈，被网友大量转发，媒体随后也跟进报道，这让西少爷肉夹馍一炮而红，一家不起眼的肉夹馍小店竟创下 100 天卖出 20 万个肉夹馍的纪录。如图 6－1 所示。

图 6－1　西少爷肉夹馍店

这篇火爆互联网的文章讲述的是一个 IT 男从名校毕业后在北京著名互联网公司做“码农”，之后由于感觉工作枯燥，也吃不上家乡正宗的肉夹馍，最终选择辞职创业，在北京五道口开了家“西少爷肉夹馍店”的故事。文章触动了不少北漂青年，仿佛“肉夹馍”便是北漂青年的情感寄托。不得不说，正是这篇高质量文章所展现出的情感共鸣，吸引了众多食客慕名而来。

一个恰当而合适的连接点可以实现品牌与消费者之间的互动，当然，互动的前提是一定要找到年轻人群所喜爱的话题。此外，这个话题还要与品牌相契合，这样才能实现高效触达与转化。

二、回归营销本质：发掘年轻人背后的真正需求

消费者是营销中最基础的一环，所以洞察消费者的需求在整个营销环节显得十分重要。从一定意义上说，营销就是一个挖掘消费者痛点与需求—强化痛感—激活需求（解决问题）的过程。要想做好年轻化营销，就要深入挖掘年轻人的真正需求。

要卖饮料给他，就要先让他口渴！

有这样一个小故事，电影院门口是人流量非常大的地方，而且以年轻人居多，年轻人本来喜欢喝饮料，可是有位卖饮料的小摊主生意却一直不好。其实，简单分析一下就知道个中缘由了。一部电影的时长基本为 2 小时左右，不少观众都会有意识地少喝水和饮料，以避免中途上厕所而错过精彩片段。

一天，一位营销高人给摊主出了一个主意，让他将薯片分装成小袋，让观众凭电影票免费领取一份。如此操作之后，他的摊位总是顾客爆满，生意非常红火。

为何一个小小的操作，就导致他的生意红火呢？

因为观众吃了薯片之后会口渴，所以会去买水和饮料。另外，还有很多观众吃了薯片之后，觉得味道很好还想再吃，所以还会回去他的摊位购买薯片。

一包小小的免费薯片，激发了观众的两个需求（买水和饮料、买薯片），这就是摊主的成功之路。

另外，你也许会问，为什么要凭电影票来免费领取薯片呢？这个操作的

背后其实是讨好了电影院，维持了电影院的良好秩序，也为电影院实现了增值。

从上面这个小故事可以看出，有的时候，营销并不仅仅是先发现需求再解决问题，还可以人为地创造需求。

很多企业，尽管手头上有符合年轻人口味的产品，也有很好的品牌故事，但为什么没有做好销售呢？这主要是因为他们没有很好地进行用户需求分析。多数人买东西都是为了满足需求，如果没有找到对方的真正需求，而把自己的产品强塞给对方，往往会适得其反，引起用户反感。

三、大数据 2.0 时代，玩出新营销的新能量

“我知道我的广告费有一半浪费了，但遗憾的是，我不知道哪一半被浪费了。”奥美广告创始人约翰·沃纳梅克的这句话，被誉为广告界的“哥德巴赫猜想”，道出了很多广告主的痛点。

对于企业主和广告主来说，理想的广告投放是把品牌广告尽可能多地展示给更多的目标受众观看，从而激发他们的购买欲望，最终使他们做出购买行为。不过，每个人的喜好与需求各有不同，尤其是崇尚自我的年轻一代，更是让广告主无法精准地掌握他们的需求。

时过境迁，在移动互联网时代，广告主已经没有了这个痛点，因为他们可以依靠大数据技术来实现精准营销，大数据也成为撬动未来新营销的新能量。

在移动互联网时代，年轻一代都通过智能手机和平板电脑接入互联网，其个人位置、偏好等精准数据信息被收集，企业主和广告主可以借助用户画像进行精准营销，把广告直接投放到用户移动设备上，从而大幅提高客户转化率。

“互联网 +”时代是一个信息大爆炸时代，众多的行业、企业都主动或被动地融入信息洪流，营销也在这样的大背景下开始了新的变革，互联网开始重构营销和渠道。

Uber（优步）是美国一家科技公司推出的网络打车品牌（如图 6 – 2 所示），2019 年 Uber 被估值为 720 亿美元，折合人民币约 4884 亿元。一个打车

软件，为何有如此高的估值？其实，Uber 的成功在于它对大数据技术的完美应用。它运用大数据技术促进了人、车、物之间的流动，通过大数据知晓了用户的地理位置，了解了用户的需求，提前为他们分配车辆并设定了车费标准等。这一系列操作让用户可以很快地打到车，让车主最大限度地避免了空载。

图 6－2　Uber 打车 App

Uber 的成功只是大数据技术成功应用的一个案例。大数据技术的运用，让信息获取变得更加公平公正。在大数据 2.0 时代，立足于大数据，企业可以轻易地挖掘出消费者的各种需求，包括年轻化的个性化需求，让营销变得更加简单、更加精准，从而实现自身的可持续发展。

在大数据与精准营销构建的智能社会中，我们的生活会因为大数据而彻底发生改变。依托于大数据技术的精准营销将使得年轻人的个性化需求得到满足，大数据将给我们带来最有效率的生活。

四、创意思维：通向年轻派圈层的战术手册

创意是网络营销的核心竞争力，但是不得不说，创意这个东西，是很难

准确表达的，至今也没有明确的定义。它既科学又玄妙，既理性又感性。创意思维主要是一种创造性的意象思维，它既可能是一次思维发散，又可能是思维聚焦。它与形象思维、直觉思维、批判性思维等一样，都是一种思维形式。对于年轻化营销来说，创意思维十分重要，好的创意营销可以直达年轻派圈层。

在某座城市的中心有一家餐馆，由于没什么特色，顾客并不多。餐厅老板发现最近大黄鸭特别火，受到启发，便研发了一款新的菜品——大黄鸭咖喱饭。刚推出几天，便火爆得不得了，附近的年轻一族纷纷前来品尝。几乎每一位顾客都会拍照发朋友圈，说自己把“大黄鸭”吃掉了。如此一来，这件事传播的速度就非常快，因此去餐厅吃饭的人都要排长队。

不过好景不长，其他饭店也都争相效仿，纷纷推出大黄鸭咖喱饭，如此一来这家餐厅的顾客就少了很多。聪明的老板又想到一个办法，发布了一张海报，调侃道：这真的是大黄鸭咖喱饭，而不是大黄鸭在拉肚子。本店因生意太好引发竞争对手的嫉妒，散布谣言说本店食材有问题，本店郑重承诺所有食材均采购于家乐福。

这张海报再次让这家餐馆的生意火爆如初，很多顾客都前来拍摄这张海报，并调侃说一家奇葩餐厅做了大黄鸭咖喱饭，居然被人说成“大黄鸭在拉肚子”。话题再次在年轻人中引爆，并不断地传播，这自然而然为餐厅带去了源源不断的客流。

作为以年轻人为主要消费群的乳饮料产品，蒙牛酸酸乳自问世以来，即以音乐为媒介，高唱“青春之歌”，玩转各类娱乐营销，直击年轻消费者内心。2015 年，蒙牛酸酸乳洞察年轻消费者市场需求，对品牌进行了一系列的颠覆式创新，运用创意思维，亮出“青春，敢 ZUO（作）敢言”的品牌态度，从品牌代言人的精准选择到产品包装的创新设计，每一处都在强化“够青春、敢颠覆”的品牌特性，成功地掀起了新一波青春热潮，使蒙牛酸酸乳的品牌态度在年轻人中不断得到传递。

蒙牛酸酸乳通过创新营销思维，再一次走在了品牌年轻化的前端。“在不断的创新和改变中，品牌才能不断突破，不断提升竞争力，才能有更大的飞跃。不确定性是当前唯一可以确定的事情！这可以说是今天品牌年轻化的最大挑战。”时任蒙牛集团品类管理系统总经理赵兴继如此说道。

从上面两个案例可以看出，好的创意思维可以让品牌俘获年轻人的心，同时品牌也会得到主动传播，使产品销量得以提升。

五、内容营销：重视亚文化，尊重年轻群体的“代际感”

2011年6月23日，北京下了一场大雨。某网友发了一条微博，内容是：“北京今日暴雨，幸亏包里还有两只杜蕾斯。”看到这里，谁都会产生疑问：暴雨与杜蕾斯有什么关系？不过，人们看了微博里的3张照片后就释然了（如图6－3所示）。因为那3张照片展示了用杜蕾斯做防水鞋套的全过程。随后，杜蕾斯官方微博转发了这条信息，之后这条信息迅速抢占微博1小时热门榜第一。有广告专家说，“杜蕾斯北京大雨”这个零预算社交传播的效果，相当于在中央电视台打了3次30秒广告。不足20个文字加3张照片，以零成本投入就取得了如此好的传播效果，这就是内容营销的魅力所在。

传统消费品的内容营销存在这样一个误区，就是内容主要围绕着产品宣

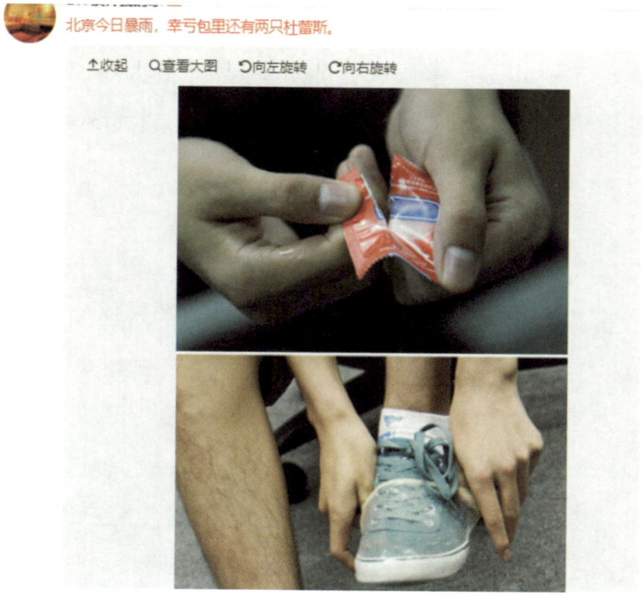

图6－3　杜蕾斯微博内容营销截图

传与品牌宣传。这种传统的营销都是正向营销，以宣传自己为主，而在上面的案例中，杜蕾斯的内容营销则是反向营销，以服务用户为主。杜蕾斯以用户为中心，反向生产用户喜欢的产品，用创意把热点事件和品牌巧妙地连接起来，为特定的人群生产特定的产品。不得不说，这是一次十分成功的内容营销。

那么，到底什么是内容营销呢？内容营销（content marketing）是指不需要做广告或做推销就能使用户获得信息、了解信息并促进信息交流的营销方式。内容营销的表现形式非常多，软文、音频、视频、博客、动画、图片、电视广播、幻灯片、游戏等都可以是内容营销的表现形式。当然，内容营销的载体也很多，可以是企业的商标、画册、网站、广告，也可以是纸杯、手提袋等。内容营销的表现形式和载体多种多样，但目的只有一个，即通过合理的内容创建、发布及传播，向用户传递有价值的信息，从而实现网络营销。

年轻人是现今社会的主力消费群体，谁抓住了年轻人，谁就能吃定未来最大的红利。很多企业、品牌在进行内容营销时，会针对不同的群体输出不同的内容形式。年轻群体喜爱的内容带有强烈的亚文化标签，带有某种“代际感”。这里要特别注意二次元群体，国内某咨询公司的调研报告显示，2019 年中国二次元用户规模约为 3.32 亿人，预计 2021 年将突破 4 亿人。以 ACG（网络词汇，即动画、漫画和游戏）内容产业为核心的日系二次元文化，在和高速发展的中国互联网擦出火花之后，已成为 3 亿中国年轻人的娱乐和社交内容。

2016 年高考前期，腾讯就联合士力架做了一次二次元内容营销。腾讯精准地洞察到年轻用户的特质，尝试建立士力架与备考能量间的使用场景联系，并巧妙借势代言人 TFBOYS 玩转粉丝经济，实现了品牌的精准曝光。同时，他们还针对喜欢二次元的 95 后，打造了二次元游戏式社交，助力考生拥有备考正能量。士力架通过 QQ 空间发布视频《备考饿货降妖记》、空间签到说说、广告banner、视频feeds广告、闪屏广告以及产品包装二维码扫码等方式，确保年轻用户能够在线上、线下多个入口触达最契合用户的 UGC 与 H5 联动营销场景，自然引发用户与产品互动，让用户在边吃边玩的过程中完成购买、抽奖、赢取战利品等一系列操作，最终使得士力架产品总销量达 1020 万份，超出合作目标 10 倍。

在此次营销过程中，士力架多维度触达用户，以原生态互动成功打造爆款产品。其主力曝光视频信息流广告高达7000万次、闪屏2亿次、触屏banner 8500万次，备考饿货降妖话题圈获得3962万次浏览、2.9万次关注，全平台活动视频播放量达到1.67亿次。线上活动参与人数累计392万人，“降妖”签到说说发表103万条。除此之外，士力架合作商品不仅线下销量超过100万份，带来600万元的商业营收，也覆盖了全国约9家超商渠道、2000家门店。

有一组数据显示，相比铺天盖地的宣传广告，70%的消费者更愿意通过一篇文章来了解一个品牌。消费者在购买产品前会重复访问品牌站点多达5次，而缺少可读性内容的站点将失去44%的潜在受众。这组数据告诉我们，内容营销可以拉近消费者与品牌之间的距离，增强品牌好感度和提升购物体验，从而提升转化率。

飞跃与漫威的跨界合作，让越来越多年轻人了解和喜爱国潮产品。同样具备如此真诚态度的还有网易手游《第五人格》，它结合欢乐谷的线下内容营销，将游戏玩家线上的狂欢延续到线下。从中可以看出，小圈层IP服务和内容互动，将成为下一个内容营销风口最明显的趋势。另外一个内容营销的趋势是，品牌与用户的关系将变得平等，购买成为更为对等的价值交换，而不是原来的品牌灌输与货币交易。

现在，已经有不少品牌方意识到内容营销要从产品端抓起。在产品酝酿之时，就打造内容性产品，形成自营销和主动传播。

无论是微博阵地的话题讨论、抖音的短视频玩法，还是B站里永远看不清内容的弹幕，它们已经把年轻一代对于内容营销的最新理解真实地表达了出来。在这个富媒体时代，要想在买方市场争夺更多的注意力，让年轻消费者“买我不买他”，一个不错的办法就是靠内容输出来与消费者建立情感上的连接。通过内容营销，培养品牌的潜在用户，让“志同道合”的用户发现品牌，形成新的销售增长。

改变品牌方教育用户的方式和成本预算形式，或许是内容营销存在的最大意义，因为以往做一场品牌活动，从广告公司的策划到落地，需要大量时间、渠道以及预算来做支撑，而现在，用户接收信息的渠道多元化，再也不单纯地依赖原有的广播电视和报纸杂志了。

六、社群营销：你该重新认识互联网原住民与细分族群

一家川菜馆利用社群营销让生意火遍全城，它是怎么做到的？其实方法很简单，该川菜馆建立了一个微信活动群，取名为“霸王餐”，把到店的顾客拉进群，也鼓励顾客把自己的朋友拉进群，每周一和周三下午5时会在群里发一个红包，手气最佳者可享受128元的霸王餐，免单消费。一个如此简单的操作，使得这家川菜馆总是顾客爆满，这就是社群营销的魅力。

微信群、QQ群、支付宝群，摄影群、户外群、拼购群，返券群、特价商品群、拼车群、社区群、读书群……各种各样的群越来越多，身边的每个人都加入了其中的一个群或者几个群，或在群中讨论喜欢的话题，或在群中寻找喜欢的商品与需要的服务。社群影响着更多人的生活，尤其是年轻一代的生活。

移动互联网让每一个既弱小又自主的个体在信息过度的时空里自发地基于某种机缘、兴趣和价值观等聚到一块，社群就这样诞生了。

那么，到底什么是社群营销呢？社群营销是在网络社区营销及社会化媒体营销基础上发展起来的用户连接及交流更为紧密的网络营销方式。它主要通过连接、沟通等方式实现用户价值，营销方式人性化，不仅受用户欢迎，还可能使用户成为传播者。社群营销已成为各大品牌厂商乃至个人品牌推广和营销的重要手段。对于企业、品牌来说，社群目前已经成为企业连接用户、引爆产品销量的强有力武器。

面对越来越年轻化的互联网原住民，我们越来越看不懂他们的喜好，越来越不理解这些互联网主流用户的使用习惯。他们经常在何处出没？如何去捕获他们的需求？这是企业主与品牌主需要思考的问题。

如今，90后、00后的圈子越来越小众，越来越细分。在追求自由化、多元化、个性化的社群时代，有着独特的兴趣、精细的需求、细腻的情感的个体成员都能找到由同类人组成的社群。个体的兴趣因为有了社群的互动而得到共鸣和放大，而社群也因为兴趣而更为凝聚，从而得到更为稳固的持续发展。

在互联网时代，每一个个体都深埋其中而无法释放出能量和价值，而在已经到来的移动社群时代，用户基于各种移动社群产品的交互来满足自己的信息分享、社会交往、情感连接和社会认可等需求。一大波年轻人正在更好地利用社会化工具，以不受传统模式限制的方法来拓展他们的能力，这一点值得所有品牌方加以重视。

移动社交互联网已成为今天经济社会的基础设施之一，人们与各种移动电子设备交互的时间远远超出了人与人之间的交流时间。这种沟通工具的改变其实也在悄无声息地改变着人与人之间的关系。在这个“社交红利时代”，谁能玩得转社群、懂得传播，谁就能够掌握商业先机。

低成本、高收入、精准的营销用户、高效的沟通、粉丝的沉淀、品牌美誉度的形成等，都是社群营销的优势。不过，社群营销听起来很美好，但现实却很残酷，很多社群运营不久就没人发言或者是没人响应了。

要想玩好社群营销，必须搭建好平台，制定相应规章并严格执行。社群的参与门槛不能太高，要让每个人都有参与的机会，当然，也有一些社群故意把门槛设置得非常高，以突显自己的优越性。社群要有固定的话题，或者每次讨论都要有话题，这样才不会跑题，让大家有东西可聊。社群要制定严格的规则与制度，对不符合的人要及时剔除。只有不断“换血”，社群才能保证始终有一定比例的活跃用户。

社群营销同样要有成本意识，花最少的钱产生最好的效果是企业开展社群营销追求的目标。如果社群营销投入大、转化率低，品牌方就要好好思考了。

七、场景营销：找年轻人可感知的、收益最大化的场景

生活处处是场景，每一个人都生活在不同的场景之中。

对于营销而言，重要的不仅是产品，还有消费者的信任。在互联网时代，要取得消费者的信任，最好的方式莫过于通过线上、线下的连接，构建一个真实的生活场景，让消费者在场景中提升消费体验，在毫无压力的情况下欣

然接收信息，完成消费过程。

场景，可以简单理解为人们工作生活中的多种情景。很多时候，用户是通过场景来认知产品的，用户在不同的场景下拥有不同的愿望、需求和感受，所以他们对产品体验后的认知和感受也不同。比如，对同一位厨师做的一样的饭菜，你在路边摊、餐馆和五星级酒店吃的体验是完全不同的。所以，要想提升用户体验，首先就要以用户为中心，构建一个完整的场景。

在移动互联网时代，场景有了新的内涵，它是建立在移动智能设备、社交媒体、大数据、传感器、定位系统之上的整合式体验。它将重构人与人、人与市场、人与世间万物的联系方式。

向世康在《场景式营销：移动互联网时代的营销方法论》一书中指出，场景式营销就是借助消费者所处的场景及特定的时间和空间，营造特定的场景，与消费者形成互动体验、完成消费行为的过程。

场景营销以充分尊重用户网络体验为先，围绕网民输入信息、搜索信息、获得信息的行为路径和上网场景，构建以“兴趣引导＋海量曝光＋入口营销”为线索的网络营销新模式。当用户在“感兴趣、需要和寻找”时，企业的营销推广信息才会出现，充分结合用户的需求和目的，可以看出，场景营销是一种充分满足推广企业“海量＋精准”需求的营销方式。

场景营销的销售转化率高，对非目标用户的打扰比较少，在信息爆炸时代可以更好地达到营销的目的，成为当前营销人员的新武器。比如，商家为做好产品销售打造出的“白色情人节”“三八女神节”，电商平台打造的“双11”“双12”“5·20”等节日，通过营造特定的场景，传递或者刺激有需求的用户，加上便捷的购物、支付环节，完成整个销售过程。这就是场景营销手法的充分运用。

进行场景营销的时候需要注意，要满足的需求一定是刚需。比如，以往人们都是站在路边招手打车，在打车高峰期很难叫到车，滴滴出行则让乘客的需求与车辆信息快速适配，让乘客随时随地找到车，甚至还可以与顺路的乘客拼车，从而解决了乘客的刚需。

便捷的购买场景、高效的购物环节、碎片化的购物时间……移动互联网时代，人们可以随时随地购物消费。越来越多的购物场景正在影响和改变消费者的消费决策过程。

用户的很多需求，是在某个特定的场景中被唤起的。比如，接了老总的紧急电话，要你马上去出差，“订最近的车票或者机票”就成为你当前最紧急的需求。比如，在七夕节当天去餐厅吃饭，甜蜜缠绵的场面会让你产生“马上找一个对象”的强烈需求……

很多时候，用户的行为是可以被引导的。因此，我们需要在用户与产品之间搭建一座桥，建立一种联系，给用户一个购买的理由。这座桥就是场景化，可以让“产品＋场景”潜移默化地影响用户的认知，让用户在场景中自动联想到你的产品，从而完成购买行为。

可口可乐就为瓶子设计了不同的昵称（场景），如“神对手”“闺蜜”“有为青年”“臣妾做不到”“纯爷们”等，每一个昵称都代表一个不同的场景，对于消费者来说，不同的选择就是不同的情绪表达。这样，一个个可口可乐瓶就变成了人们社交传播的载体，让每一个消费者都有存在感与认同感，更多消费者由此发自肺腑地主动为品牌宣传，这让可口可乐大获成功。

海尔高端洗衣机品牌卡萨帝的产品也设置了场景，在“丝绸等高端衣物干洗不放心”的场景下，卡萨帝用空气洗技术解决了消费者的这一需求。

小罐茶的产品也很有场景感，解决了人们“携带不方便、价格不透明、送礼没档次”的痛点。

在销售方面，人们也可以设置销售场景。比如，大家所熟知的迪卡侬是家体育用品综合店，可是在其门店中却设置了很多练瑜伽、踢足球、跑步的小场景，这些小场景有力地促进了用户对相关产品的体验与选购。

餐饮企业西贝莜面村在自己的店内设置了“亲子私房菜课堂”场景，珠宝企业星光珠宝则在门店设置了“珠宝手工课堂”场景，这些场景都极大地促进了消费者消费。

2018 年 2 月出现了红月亮、蓝月亮等天文现象，当大家都在室外等待蓝月亮出现时，微信朋友圈却出现了“你们盼望的蓝月亮来了”的主题图，一瓶蓝色瓶身的洗衣液挂在了城市的夜空之上。“说好的蓝月亮呢？”“那瓶洗衣液是什么鬼？!”这其实是洗衣液品牌蓝月亮的一次场景营销活动。面对这样的调侃式发问，大家都会会心一笑，并将此传递给朋友，蓝月亮由此得到了免费宣传。如图 6－4 所示。

图 6-4　蓝月亮场景化营销

各种各样的场景，有的提高了品牌的亲和力，有的解决了用户的痛点，有的实现了病毒式传播效果，有的则带给用户惊喜体验。这就要求我们在构建场景时要以用户体验为中心，站在用户的角度考虑问题，替用户设计解决方案，让用户做出选择，给予用户新奇有趣的体验。

在不同的场景下，我们能做什么？能给用户提供什么？在这个场景下的痛点是什么？该如何解决？在这个场景下，如何让用户参与或选择？

场景化营销不仅可以提高营销转化率，而且对于提高用户体验感也有很大作用，极致的用户体验甚至会带来病毒式的传播效果。当前，场景的外延也在不断扩大，它可以是一个产品，可以是一种服务，也可以是无处不在、无时不在的身临其境的体验。伴随新场景的创造，新的连接、新的体验、新的时尚、新的流行层出不穷，给人们带来全新的生活方式。

八、口碑营销：抓住口碑就抓住了流量

“酒香不怕巷子深”“金杯银杯，不如老百姓的口碑”，这些都可以理解

为口碑营销的具体表现。口碑营销其实就是一种品牌效应，依靠良好的品牌形象可以让用户主动进行病毒式传播，得到事半功倍的营销效果。

口碑可以视为人与人之间存在的一种无穷力量，口碑在人与人之间传递的时候是本着人类分享的天性，以一种无私、无利润的形式而存在。所以，口碑在传递时不仅公平，而且速度极快，最重要的是口碑会让我们在用户身上得到最为重要的两个字——相信。

那么，何为口碑营销？口碑营销是企业有意或无意生成、制作、发布、传播口碑题材，并通过相应的营销手段进行口碑传播，满足用户的需求，从而促使用户购买。简而言之，就是通过群众之口传播自己的产品。

互联网时代，无论是线下实体店还是线上平台，流量都至关重要。但又不可盲目地追求流量，因为在流量简单数字的背后，是一个个活生生的人。认可用户拥有的发言权，满足用户自身的需求，以双向平等互动交流为基础进行口碑营销，不得不说是如今营销的明智选择。

口碑营销对于企业来说是至关重要的推广方式，它以产品质量为基石、以营销为手段、以口碑为目的，通过内容或者事件等引起用户对品牌的关注，以及对其产品质量和品牌形象的认同和传播，在大众心目中留下良好的印象，提升了品牌认知度。

随着社交媒体的快速发展，口碑传播的效果比以往任何时候都更加显著，能让用户获得很强的信任感，能以亲和力吸引用户，这是口碑营销的主要优势。对于企业、品牌而言，其形象也与口碑息息相关。口碑营销的实施费用较为低廉，如果策划得好，甚至可以实现免费的口碑传播，这是口碑营销的优势。

口碑营销甚至可以使一个小品牌在短时间内拥有巨大的品牌影响力。而要做好口碑营销，优质的产品（服务）是传播的前提和根本，如果产品有瑕疵、存在质量问题，或者服务不好，最终传播的结果会起到反作用，有关负面信息的传播速度也会更快。在这方面，海底捞就为我们树立了榜样。

当进入海底捞的停车场时，马上就会有服务员过来询问迎接，并引导你进入通往海底捞的电梯间。等餐的过程中海底捞会为你提供各种饮料、小零食、水果，而且是不限量免费供应，如果是女士，还可以享受免费的美甲、护手等服务。任何一个环节，你都能享受到最贴心和最细致的服务，甚至在卫生间里也有专人服务，包括开水龙头、挤洗手液、递擦手纸等。如果你去过海底捞，绝对会被海底捞的服务所打动。虽然海底捞只是餐饮美食领域的一家火锅店，但是其服务却赢得了更多人的好口碑，这种口碑相传让海底捞人气爆棚。

那么，有了好的产品或者优质的服务，如何实施口碑营销呢？一般有如下几个方法。

第一，找准利益驱动点。可以通过降价、派发优惠券、团购、返现等形式回馈用户，在价格的直观刺激下，用户往往会奔走相告，影响身边的家人、朋友。肯德基就经常运用优惠券的方式进行营销。2019 年元旦，肯德基推出“金桶迎春”半价券，所有会员都可以半价购买这个套餐，信息传遍朋友圈。每逢节日，肯德基都会推出相应的节日优惠券，促使大众进行主动传播。

第二，寻找话题、制造话题。要有人开始谈论产品和品牌，才会有口碑传播的方式，因此需要我们想办法引导大家去谈论。谈论的话题必须独特且具有诱惑力，比如超值优惠券、海底捞那样极致的服务、独特的外观设计、搞笑的产品名称等。为引起谈论者关注话题，还可以在营销推广中为他们设计获得愉悦感和满足感的信息，他们会为了传递快乐给他人而主动传播。还可以设计具有关怀感、共鸣感的信息，快速拉近彼此的距离，进而传播给身边的人。

如果没有特别好的话题，还可以根据品牌或者产品的特性，人为地策划一些具有社会性或者娱乐性的话题进行传播。

第三，借助名人、大 V 及 KOL 的影响力。通过上述人群的事迹和言论，引发口碑传播。这种名人效应可以带来不错的传播效果，很多用户都会跟风进行讨论或者消费。

第四，借助品牌影响力。讲述品牌故事是个不错的办法，几乎每家企业都需要一个能够传达品牌精神的故事，这样才能将品牌背后的付出与用心展示给用户，让用户借此了解产品，了解企业的理念与精神。

一句颇具创意的广告语可以很好地将品牌形象进行传递，比如，小米手机的“为发烧而生”，格力的“让世界爱上中国造”，红牛的“你的能量，超乎你想象”，立白的“不伤手的立白”，等等。好的品牌形象，可以直接从产品品质出发，也可以从情感出发，或通过其作用出发，对自己的品牌进行口碑传播，让自己的品牌成为话题本身。

当然，在实施口碑营销之前，还要设计好信息传播机制及传播的载体，是通过网站、传统媒体、微博还是微信进行传播？是单向传输信息还是双向传输？其中，更要重视用户的心声，让用户主动分享话题信息，这样才能获得成功。

九、绿色营销：迎合年轻人的环保理念

提到蚂蚁森林，相信大家都不会陌生，如果你没登录过蚂蚁森林，没抢过能量，那你就太不潮流了。登录支付宝蚂蚁森林领取能量，可是年轻人经常做的事情。如图 6－5 所示。

蚂蚁森林虽然只是支付宝的一款小应用，可是，当你的小树苗拥有了 17.9 千克能量时，支付宝就会以你的名义在荒漠地区种下一棵小树苗！那么，如何获得能量呢？你用步行替代开车、在线缴纳水电煤气费用、网络购票等低碳环保行为所节省的碳排放量，会被计算为虚拟的“绿色能量”，由支付宝奖励给你。将虚拟的小树苗变成真树，支付宝的这一绿色营销方式让大家乐此不疲，天天都去收能量，更是激发了大家主动参与绿色环保行动的热情。

图 6－5　蚂蚁森林界面

2019 年 4 月 22 日，支付宝宣布蚂蚁森林用户数达 5 亿，5 亿用户共同在荒漠地区种下 1 亿棵真树，种树总面积近 93333 公顷。蚂蚁森林是支付宝于 2016 年 8 月才推出的，短短两年多时间，就吸引了 5 亿用户参与，不得不说这是绿色营销的一个成功案例。

“绿色营销是一种能辨识、预期及符合

消费的社会需求，并且可带来利润及永续经营的管理过程。”英国威尔斯大学肯·毕提教授在其所著的《绿色营销——化危机为商机的经营趋势》一书中如此为绿色营销定义。

在维基百科中，绿色营销是这样定义的：绿色营销是指企业为了迎合消费者绿色消费的消费习惯，将绿色环保主义作为企业生产产品的价值观导向，以绿色文化为其生产理念，力求满足消费者对绿色产品的需求所做的营销活动。

绿色营销是随着人们对环境的关注日益加强而产生和发展起来的。全球环境问题的日益严重和绿色运动的蓬勃兴起，引起了企业对环保问题的重视。而在20年前，只有少数企业认识到绿色营销的意义，大多数企业都没有充分认识到。最近十几年以来，全球掀起了一场绿色革命，对整个世界和人类的生活产生了巨大的冲击。越来越多的企业开始注重绿色环保，使得绿色营销成为营销发展的一大必然趋势。

全球知名的运动鞋和服装生产商耐克就成功地运用绿色营销提升了企业的形象。此前，耐克因员工待遇问题而备受人们质疑。从2005年开始，耐克特别设计了一个强调可持续环保概念的The Considered运动鞋系列产品。该系列产品尽量不使用人造鞋材，更多地采用有机棉、可回收聚酯、环保橡胶等可持续发展材料，比如，鞋面和鞋带采用纤维和聚酯，尽量减少使用有毒的胶粘，在生产过程中减少溶剂80%以上。

2007年，耐克被美国世界自然基金会（WWF）评为应对气候变化的领袖。作为WWF拯救气候行动（Climate Savers）的合作伙伴之一，耐克已将其二氧化碳年排放量在1998年水平的基础上降低了18%。此后，耐克一直将绿色营销作为营销的主旋律，并设立了全新的愿景：设计出可以全面循环的产品，产品的生产使用最少的材料，分解方便，便于回收利用并制造成其他产品，或者在产品生命周期结束之后能够安全地回归大自然。

可口可乐旗下的雪碧也看好绿色营销。2019年9月，雪碧将使用了58年的标志性绿瓶子全部换成更易回收的透明塑料瓶，同时价格保持不变，这意味着使用新瓶子的成本并未转嫁给超市和消费者，而是由其自己承担了。此外，可口可乐还承诺，2020年初，在雪碧塑料瓶中采用50%的可再生塑料，这意味着可口可乐将减少制造成千上万吨塑料垃圾。可口可乐的这些举动，引发了网友和消费者的广泛讨论，无疑为其树立了更好的品牌形象。

坚持绿色可持续发展已然是大势所趋，绿色营销与其他普通的营销方式相比，更能深得人心。当前，绿色环保的理念已经逐渐由我们的日常生活延伸至社会生产的全产业链，作为富有社会责任感的消费者和企业，都应当对此更为重视。

十、公益营销：告别自嗨，走心才有正能量

在日常生活中，一提到公益话题，总会让人觉得有些沉重，或者有人对这一话题并不感兴趣。这或许是由于你受够了一堆明星、网红借着做公益的形式秀自己，甚至有一些人打着公益的名义敛财。曾几何时，公益营销变成了明星、网红和企业的自嗨秀场，过于功利的态度使其与大众的距离越来越远。但这并不意味着现在的人们已经没有了慈善之心，而是很多公益营销活动并未真正走心，达到传递正能量的目的。

2017 年 8 月 29 日，微信朋友圈被一幅幅“小朋友”的画作刷屏，微信用户可以以 1 元钱的价格购买画作，保存成手机壁纸使用。据悉，此次“1 元购画”募捐活动是腾讯公益平台发起的，画作则是由无障碍艺途公益机构（WABC）患有自闭症、智力障碍、脑瘫等病症的特殊人群创作的。不到半天时间，1500 万元的募捐目标就提前完成。这着实让我们看到了公益营销活动的巨大效果。具有正能量的公益营销，效果绝对超乎你的想象。

当今，大众尤其是年轻人对广告的品质要求越来越高，不少品牌开始主动迎合消费者，通过公益广告来提升品牌好感度和知名度。面对 Z 世代群体，公益营销更需要与年轻人沟通，以匹配他们的需求和审美，甚至可以利用社交平台和短视频平台轻松、有趣的内容，让公益活动摆脱刻板、教条的印象。

随着用户时间碎片化以及社交平台、短视频平台等的崛起，公益营销的花样也越来越多，但只有打动人心、传递正能量的公益营销，才能获得理想的效果。2016 年 4 月 26 日世界无醛日当天，定制家居品牌好莱客发起了一项关爱儿童的公益营销活动，并借助微博、H5 吸引了更多人参与，让“按鼻子救助白血病儿童”的话题登上微博公益话题热搜榜首位，微博曝光量高达 1 亿人次。此外，H5 的转发次数达到 1208335 人次。

新阳光 – 好莱客关 i 白血病基金通过互动 H5 推出“举手之爱”捐 1 元活动，网友只需上传照片制作海报，并分享到朋友圈，基金会便向白血病儿童捐出 1 元。如此正能量满满的公益活动上线仅 4 小时，参与人数便突破了 10 万人次。短短几天时间，“按鼻子”成为人们的一个流行手势，不同年龄、不同职业身份的人都自发地做起这个手势，以表达自己对白血病儿童的关爱，而白血病儿童在这次活动中获得的治疗费用达 1208335 元。为了帮助更多孩子重获健康，好莱客随后将捐助额度增加至 200 万元。

为了进一步影响年轻人群，“按鼻子救助白血病儿童”公益活动还携手新生代偶像团体 1931，开展年轻人公益互动活动，创作世界无醛日主题曲，通过歌曲传唱的方式，让众多 90 后、00 后等追逐偶像的年轻人参与进来，共同传递健康正能量。

同样是企业发起的公益营销活动，为何没有遭到大家反感，反而令大家大力转发呢？这是因为好莱客在做这次公益活动的时候，抛弃了明星作秀，摆正了心态，不追求功利，不做地毯式的信息轰炸。在参与率最高的 H5 里，甚至找不到企业商标，企业联合了北京新阳光慈善基金会和腾讯公益等知名慈善机构，用实际行动鼓励大家进行转发，在幕后默默地为大家的爱心埋单。

用实实在在的行动帮助白血病儿童，绝对是一股正能量。因此在活动初期，便引发众多粉丝积极关注、参与和转发。不作秀，用真心换真心，这样的公益活动才能打动人心。因为做公益活动的目的是打动消费者，让每个人都能通过低门槛、多元化的方式参与到公益事业当中，从而产生自发式的社交传播，进一步扩大营销活动中品牌的影响力。

搜狗输入法在 2018 年也做了一次传递正能量的公益营销活动，并将产品功能与公益行为做到自然结合。搜狗输入法携手北京嫣然天使儿童医院，推出根据真人真事改编的年度公益广告片《得喜》。对唇腭裂的儿童来说，因发音不准，向他人表达自己的想法是一件极为困难的事情。在这部公益短片中，大部分家长能够通过搜狗输入法的语音输入功能来测评发音患儿的发音进展情况。

搜狗输入法希望更多的人关注唇腭裂儿童，同时更希望技术产品与人性进行完美结合，让技术为这些生活中需要帮助的人群发挥应有的价值。毫无疑问，搜狗输入法借此公益营销展现了自身的人文精神以及社会责任意识。

这是一个不缺话题的时代，同时也是一个全民娱乐化的时代，对于企业及品牌主来说，如何利用品牌自身的影响力去推动全民公益事业的发展，是需要认真思考的问题。当前，已经有不少品牌开始为公益事业持续助力，并希望以推动开放、轻量化的公益模式，降低大家参与公益的门槛，提升公益新体验。

十一、裂变营销：种子用户＋精准裂变

裂变，从生物学角度来说是指细胞核的裂变，由1个裂变成2个，由2个裂变成4个。而核裂变的威力就更大了，原子弹或核能发电厂的能量来源都是核裂变。在营销领域，裂变营销的威力同样不容小觑。作为一种被广泛运用的营销方法，裂变营销以其成本低、效果快、口碑好的特点，得到更多企业、个人及品牌的认同。在社交软件泛滥的当下，无论是增加用户数量、粉丝数量还是交易量，裂变营销都开启了野蛮式的增长。

脸书（Facebook）在最初推广时使用的就是裂变营销。脸书让每个注册用户自动地给自己邮箱通讯录中的好友发送邀请链接，形成病毒式推广，由此迅速火了起来。微信在最初的时候也应用了裂变的方法，很多人在开通微信的时候，微信都会读取你的通讯录，然后邀请通讯录中的好友也开通微信账号。

从这里可以看出，裂变营销就是以传统的终端促销的强化版为基础，整合关系营销、数据库营销等新型营销手法的一种营销方法。裂变营销的核心是精耕细作、精准攻破，全力进行点对点的击破，而不是全面摊开。

不少公司也尝试了裂变营销，但是并没有真正见效。这或许是他们并没有理解裂变营销的本质是什么，所以，打造出来的方案有形无神，根本无法达到预期的效果。当你研究过众多裂变营销的成功案例之后，就会发现它们都有几个相同的要素，甚至可以总结出一个裂变公式：

种子用户＋诱饵（奖品、福利等）＋文案或海报＋裂变机制规则＋传播平台与方式＝裂变

所以，裂变营销也可以这样定义，那就是：企业、个人等传播个体通过在社群（种子用户）中发布一个含有诱饵的内容，引发用户争相传播，从而

达到一个用户带动身边 N 个用户裂变的目的。

种子用户可以说是裂变营销形成精准爆炸式传播的基础，没有种子用户的话，就失去了进行裂变的基本条件。种子用户要尽量选择影响力大、活跃度高的用户。种子用户的质量要比数量更重要，所以种子用户的性格要尽量与产品的调性相吻合，或者种子用户的影响力要尽量波及目标用户群体。种子用户要具有主人翁精神，能够为产品开发者提供中肯的意见和建议，帮助产品不断提升性能和功能。

如何设置诱饵呢？其实诱饵就是你的目标用户当前非常想要并且你能够提供的和自身产品相关的东西或服务。诱饵奖品要与自己的产品或者服务有关，更要切中用户的痛点，根据用户的根本需求进行选择。

一家医院做了这样一个裂变营销策划。它设置了一个诱饵：邀请好友看病收费打 3 折，但是没有起到任何效果。其实，只看标题就知道这一定会是个糟糕透顶的策划，因为去医院看病绝对不是当前人人都想要的。

在寒冷的冬季，一家滑雪场打出这样的口号：价值 800 元的滑雪场亲子门票免费领。这个诱饵是不是诱惑力十足？这样就能激发人们转发的动力。

文案及海报的设计也是裂变营销的重要一环。一段有价值或有趣的文字或内容同样可以引发用户的海量转发。如趣头条的“刷刷新闻就能赚现金”，支付宝五福活动的“集齐五福，拼手气分 5 亿”等，都是近几年刷屏效果非常不错的裂变营销文案。很多时候，海报还可以锦上添花。海报设计要与产品及活动宣传内容相贴合，要简洁、有趣，具有视觉冲击力，要能在一瞬间吸引用户的目光。

裂变机制在很大程度上决定了裂变的效果。比如，你可以这样设置裂变机制：分享到朋友圈邀请 1 个好友即可参与抽奖，或者邀请 3 个好友就可以免费获得这份大礼包。这样就可以激发用户去转发。转发、邀请、积赞、砍价、拼团等都是不错的裂变策略。

传播平台的选择也是裂变营销方案至关重要的一环。是通过微博、微信，还是通过短视频平台、自媒体平台和直播平台？其实，每个平台都有自己独特的优势与特点，这就需要品牌方根据自身需要及产品的特点进行选择。比如，小程序的便捷性与功能性更好，微信公众号可以主动给用户传递信息。

裂变式传播最重要的是抓住用户的心理，提供足够的传播动力，在每个环节降低用户的操作门槛。在进行裂变营销时，切忌活动流程太长、奖品兑换麻烦、获得奖励难度大等。

拼多多的红包裂变营销就做得非常不错，下面简要分析一下。很多人的微信朋友圈都出现过“我正在领拼多多 100 元现金打款……”这样简短的一句话（如图 6－6 所示），这让拼多多获得了数亿的用户，因为有的人真的提取到了现金。

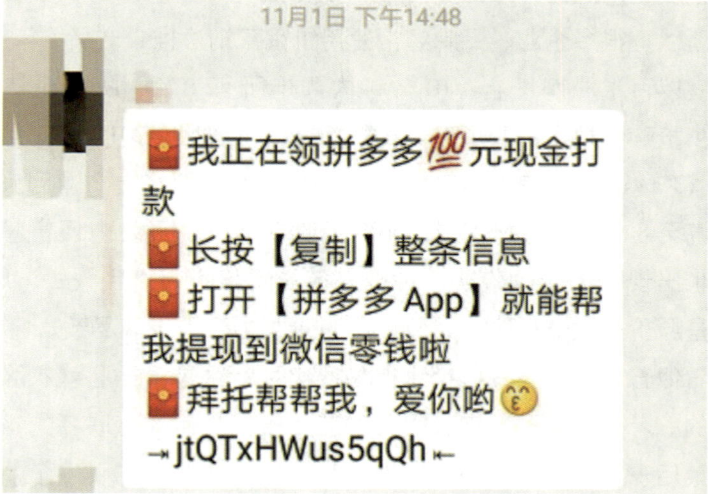

图 6－6　拼多多红包裂变营销活动截图

拼多多天天领现金这个活动主要是用户邀请好友点击分享的链接去拼多多 App 里进行助力，助力后你的朋友会得到相应的金额奖励，由系统随机分配，初始奖励金额 100 元档的基本在 80 元以上，200 元档的基本在 160 元以上。朋友助力后只有达到 100 元或者 200 元才可以提现，但助力的金额并不多，这就要求你必须不断地转发给朋友，让更多的朋友帮你助力。而且，这个活动有时间限制，必须在 24 小时内完成。纵观整个活动，拼多多只用很少的费用就达到了裂变营销的效果。

但是，效果好的裂变营销活动，并不是每个企业都能玩得好。大部分企业学会了模仿，直接复制其他企业的活动玩法，最后导致营销效果非常差。这是因为，不同类型的行业，其产品及受众群体并不相同，用户需求差异也非常大，即便同一行业的不同企业，企业自身及产品、服务的优劣势也是完全不一样的，所以，裂变营销的流程与活动内容可以参考，但是不能完全复制。

十二、饥饿营销：明知是套路，为何年轻人乐此不疲

看上去尽是套路，可年轻的消费者却愿意花费重金埋单，并乐此不疲，这就是饥饿营销的魅力。因为年轻人喜欢个性化、与众不同，喜欢炫耀和标新立异，所以，很多企业、品牌经常使用饥饿营销法推广产品给年轻人。

消费者以百米冲刺进店、10 分钟内买走所有 T 恤、扒走模特身上的衣服……不少抢购者根本不看尺码，直接抱走整摞衣服。2019 年 6 月初，优衣库和考斯（Kaws，美国著名街头艺术家）联名系列服装上市遭到疯抢，价格被黄牛炒高至 8 倍依旧供不应求。100 万件衣服，一天之内便售罄。而在电商平台，也出现了大量以代购、转卖为名的同款服装，且款式、尺码齐全，价格依旧是原价的数倍，这将“物以稀为贵”展现得淋漓尽致。

一件看似普通的衣服缘何销售得如此火爆？这是由于这款衣服是绝版且非常稀有的。考斯是美国近年来很火的艺术家，与优衣库联名的衣服被宣称为双方的最后一次合作。这种特殊性再加上绝版的噱头，引发了消费者的购物狂潮。时隔半个月之后，这款衣服的价格迅速回落，有的平台的价格甚至接近发售价格。

很多人购买商品考虑的不是商品本身和自身需求，而是虚荣心在作祟。针对年轻消费者的这一攀比心理，很多品牌推出了限量版产品且供货紧张，但越是这样反而卖得越好。

不难看出，饥饿营销是针对消费者心理机制的一种营销策略，主要通过降低产品的供应量，故意制造产品的短缺假象，让消费者紧张，激发其想要占有的心理，同时让消费者产生好奇心，引发跟风浪潮，从而达到高价或高量出售产品的目的。

品牌产品在一定程度上代表了社会地位、身份和财富，这也是很多企业实施饥饿营销的一大因素。故意制造产品紧缺局面，既能满足消费者的虚荣心，又能彰显消费者的能力与地位，所以即便高价，也往往会很快销售一空。

提到饥饿营销，很多人想到的就是苹果公司。苹果公司绝对是善于运用

饥饿营销的一家企业，其一直奉行饥饿营销市场策略。例如，iPhone 4 手机进入中国市场时，采用的就是饥饿营销的办法。苹果公司经常减少中国市场的供应量，两三天时间便卖断货，为此，苹果公司还专门公布了限购令，规定每人每天只能购买一台手机。无论你怎么有钱，都买不到一台 iPhone 4，因此越来越多的人以能拥有一台 iPhone 4 为荣。由于消费者认为其稀缺难得，因此 iPhone 4 的价格一路看涨，也吸引了大批黄牛党加入抢购的队伍，把价格炒上了天。这种稀缺性在一定程度上也成就了苹果品牌，树立了苹果的高端形象。随后的 iPad 2 及其他几款苹果手机，同样使用了饥饿营销这一方法，在正式发售日的前一天晚上，已有千人在排队抢购，让苹果公司实现了销量与口碑的双赢。

其实，每个人都有强大的好奇心理，饥饿营销方案制订者会有计划、有节奏地放出产品消息，但产品却迟迟不肯面市。这样一来，很多消费者为了满足好奇心便主动去网上搜索产品信息，进一步引发消费者的购买欲望。

不过，2019 年 9 月苹果公司上市的 iPhone 11、iPhone XS 等产品，已经不再搞饥饿营销，而是不限量供应了，在各大电商平台及直营店都可以购买到。因为一直频繁使用饥饿营销的话，消费者同样会产生反感心理，从而有损品牌形象。所以，饥饿营销要适度使用，不能频繁使用，更不能将其作为公司长期、持续的营销方式。

小米公司同样是饥饿营销的高手，小米手机 1 第一次在网络上正式开售时，仅仅 5 分钟便售罄，之后的小米手机 1s 也在几分钟内全部被抢完，这也创造了前所未有的销售纪录。

现在的年轻人在购买商品的时候都喜欢追求时髦、标新立异，正是这种求新心理，让很多企业都采用了饥饿营销的方法来发布新品或者时尚商品，从而吸引消费者去购买，满足他们的求新消费心理。

十三、社交营销：主动和年轻人对话，既赚眼球又赚销量

无社交，不传播；无社交，不商业。由此可见社交营销的重要意义。社交营销是以社交关系为载体的一种营销手段，是通过运用社交软件等社交手

段进行的营销，具有更精准的目标群体、更高的转化率、更低的营销成本三大优势。年轻人更喜欢社交，是社交媒体的主力用户群，所以主动和年轻人对话，在博眼球的同时就把销量提升了。

当前，网络已经渗透到我们工作和生活的方方面面，几乎每个人都会通过网络社交平台去交流，年轻人更喜欢通过QQ、微信、微博等与好友进行信息传递，或即时聊天，或分享自己的趣事，从而加深人与人之间的联系。所以，加强与用户的连接，是社交营销中最为关键的一点。

年轻群体聚集的校园历来是各大商家的必争之地，如何吸引学生群体的关注？如何让品牌在学生群体中有效传播？百事可乐就做了一次成功的社交营销。

百事可乐发起了一场“百事校园挑赞赛”校园活动，让喜欢音乐的学生变身为“校园音乐挑赞者”，通过“天天一做你所想”应用的现场点赞榜实现场内外线上互动，并在现场的电视墙上实时展现选手人气情况。“挑赞者”和现场观众还可以通过“天天一做你所想”将现场的情况分享给未到场的朋友来拉票、攒人气。

时刻在变动的互动排行榜，更是让比赛扣人心弦、精彩纷呈。这种即时可视的线上线下互动模式，让原本单一的线下推广活动变成了打通线上与线下的营销活动，在社交网络中不断传播，使得比赛更具趣味性和互动性。

社交媒体可以说是互联网变化最快的领域之一，在移动互联网时代，信息的传递不再拘泥于某一种形式，流量的产生不再垄断于某一个入口。看着屏幕长大的年轻人，注定将影响时代前进的方向。企业若能与年轻人对话，或许就赢得了未来。

2016年，圣罗兰（YSL）星辰口红也做了一次社交营销。它先是通过社交媒体以“爱情”二字为基础进行话题炒作，待话题热度攀升后，微信、微博的营销号纷纷进行相关的软文推送，其中有口红评测、品牌介绍等，短短几天，YSL星辰口红便火爆微信朋友圈，最为盛传的话题是“让男朋友给自己买YSL”，似乎一支口红就能证明男朋友到底爱不爱自己。这个话题一经发布，便引发了众多网友的大讨论与主动传播，品牌知名度一下子提升了。加上部分限量款口红，更是让产品一下子出现脱销现象，香港的专柜都被抢购一空。

社交营销不再是单一的品牌信息输出，而是以极具人格化的诠释，让年轻消费者感受品牌的灵气和温度。知名化妆品品牌韩束在社交营销方面积极探索，主动和年轻人建立深厚关系。韩束构建的社交网络体系融合了创意、媒体、超级 IP、主流 KOL 等多个方面，系统性强，整合力足，全面灵活地彰显了品牌的价值精髓，更是为年轻人创造了一次次有趣、有内涵的社交体验。

韩束活用超级 IP 吸引年轻人。韩束合作的《火星情报局 3》《不眠之夜》等超级 IP 都极具话题感染力，这些超级 IP 总能时时为品牌创造社交氛围，并吸引年轻人积极参与。借助这种社交契机，韩束主动融入其中，定制珍藏版产品，举办各种品牌互动活动和社交游戏，让年轻人乐在其中的同时，积极分享社交心得。

韩束还巧用明星 KOL，诠释品牌融合力。韩束签约的代言人，都是时下话题多、年轻人比较喜爱的明星，如古力娜扎、景甜等，在综艺节目、影视剧中合作的也都是极受年轻人热捧的一线主流明星。但韩束并非单一地借助明星 KOL 推广产品和品牌，而是充分发掘明星的影响力和价值能量，使其与品牌深度融合，代表品牌与粉丝、观众进行深度互动。一次次多元化的社交营销，让韩束赢得了众多年轻人的喜爱。

在社交时代，唯有让品牌主动和年轻人对话，才能让品牌被年轻人所接受、所信任，而单纯地传递或者灌输品牌符号、品牌理念则难有成效。随着平台、技术和生态的不断变化，社交营销的玩法也层出不穷，但无论怎样变化，社交营销都离不开人，离不开各种社交平台，离不开连接。

十四、体验营销：突破次元壁，让年轻人在互动中感受品牌魅力

这片“森林”并不静谧，而是人声鼎沸。走进它，你能看到“暖心诊所”“故事当铺”“脑洞地图”“彩虹屁喷射机”……这是由今日头条为内容创作者和用户所打造的一场创意互动展。今日头条蕴藏着数量庞大、种类繁多的内容作品，希望将这些生动有趣的内容带到线下，让用户近距离感受它们的生机。用体验营销（experiential marketing）的方式打破次元壁，让用户在互动中感受内容的丰富，是今日头条打造这片“冬日森林”的初心。

其实，体验营销并不神秘，早已经被广泛运用。比如，我们在街头看到的很多水果摊贩，都提供了免费试吃服务，顾客品尝水果，如果感到满意，价格也符合预期，那么肯定就会立即购买水果。

从字面含义来看，体验营销可以理解为消费者通过体验产品或服务而促成成交的营销方式。在新媒体时代，内容营销愈发无法满足年轻用户眼、耳、鼻、舌的需求，体验营销正在快速地崛起和进化。

体验营销，更多的是基于消费者的感官、情感、思考、行动等方面来设计营销的各个环节，让消费者参与到整体营销环节当中，与产品、品牌、企业之间进行沟通以及深度互动，通过体验了解产品的特点，促成最终的交易。

体验营销的核心是让消费者通过体验和互动，从理智和情感层面让消费者产生兴趣和消费欲望，并提升对品牌的认同度。体验营销可让消费者直观、全面地了解品牌和产品特色，能够通过感官刺激消费者的购买欲望，能更好地塑造品牌形象，留下品牌记忆点，这是体验营销的几大优势。

苹果公司也非常重视体验营销，并早在20年前就开设了线下体验店。苹果体验店对消费者有着强烈的吸引力，在体验店里，专门的销售人员会对产品功能进行讲解和演示，消费者可以直观快速地了解产品的功能、使用方式及特色。苹果体验店不仅仅展示产品，更注重为消费者带来不一般的体验，并凸显其品牌的核心价值理念——“think different”。消费者在体验店里不仅能够直接接触到产品，更能在店内的氛围中感受苹果与众不同的品牌文化。

对于品牌来说，选择体验营销主要是依据产品或者服务本身存在的体验特性，通过体验最大化地突出利益点，吸引消费者花费一定的代价获得消费体验。

耐克这个家喻户晓的运动品牌，也是很早就运用体验营销让消费者感受品牌的魅力。在纽约耐克公司的耐克体验中心，有着长达15米的鞋品摆放墙，上面陈列着各种款式的男女鞋供消费者体验。

如果你认为耐克体验中心仅仅是展示，那就大错特错了。这里其实更像一个运动社区与休闲娱乐区，当你选择好自己喜欢的鞋子和衣服之后，总可以找到一个合适的场景，让你在现场看到着装之后的样子。这里设有训练区，消费者换上耐克鞋后可以在跑步机上试跑。这里还设有半个篮球场大小的Nike + Basketball Trial Zone，可以调节篮球架的高度，正对球场的大屏幕可以模拟现实环境，让你觉得是在纽约著名的 Dyckman（迪克曼）球场打球（如图 6-7 所示）。针对足球迷，耐克体验中心还设有一个约 37 平方米的人造草坪。这里还设有女性专用休息室以及个性化定制中心，你的需求在这里几乎都可以得到满足。

图 6-7 耐克体验中心的篮球体验区

2019 年，麦当劳一连收购 3 家科技公司，目的是提升个性化的顾客体验。耐克收购以色列数字视觉公司 Invertex Ltd，用于提升消费体验。在来自市场需求升级和消费者期望的巨大压力下，不少企业在创造更好的体验上不断加大力度。

这是一个体验经济的时代，体验经济在全球盛行，并已成为一大发展趋势。在消费升级的今天，消费者关注的不仅仅是产品和服务本身，更多的是高品质、个性化、多样化的创新消费体验，体验营销已成为越来越多企业的有力竞争武器。

十五、情感营销：营销的最高境界是和受众进行心灵碰撞

虽然营销的理念、方法越来越多，但是，纵观所有的营销，本质都是在

与受众群体及用户进行对话，从而获得用户的认知、好感，占领用户的心智。营销成功与否，在于对话是流于表面还是触碰心灵，而其他的无非是内容载体、表现形式、输出渠道不同而已。与受众进行心灵碰撞，才是营销的最高境界。

在众多营销方法中，为何情感营销会十分奏效？马斯洛需求层次理论告诉我们，归属感和爱是人类必不可缺的精神需求，是精神需求中相对容易达到的需求。人人都希望得到关心和照顾，情感上的需要比生理上的需要更加重要。聪明的品牌商会在营销的时候加入“情感元素”这张王牌，从而让品牌得到快速传播。

情感营销寓情感于营销之中，让有情的营销赢得无情的竞争，从消费者的情感需要出发，唤起和激起消费者的情感需求，引发消费者心灵上的共鸣。情感营销致力于营造一个温馨、和谐、充满情感的营销环境，不仅重视在企业与消费者之间建立买卖关系，更强调相互之间的情感交流。

随着情感消费时代的到来，人们的消费行为正逐渐从理性走向感性，消费者在购物时更加注重环境、气氛、美感，追求品位，要求舒适，寻求享受。几乎每个品牌都希望与消费者建立良好的关系，让消费者成为品牌的忠诚者。这除了要有过硬的产品质量、优质的服务、很强的产品市场适应性和正确的营销推广策略之外，还与消费者的心理因素有着密切的关系。

情感营销把消费者对企业品牌的忠诚度建立在情感的基础之上，满足消费者情感上的需求，使之得到心理上的认同，从而产生偏爱，成为该品牌的死忠粉。在传播过程中，能够形成病毒式传播效果的，一般是因为使用了情感营销方式，而不是产品本身有多好。

情感丰富、注重体验的年轻人，在其个人成长过程中，品牌如何构建产品与他们之间的关系？方法是走进他们的心坎里，与他们进行心灵的碰撞。

汇源果汁一直力求实现品牌年轻化目标，2016 年初，汇源果汁专注“走心”风，与年轻人开启了一场心灵的对话。临近春节，汇源果汁深挖年关情怀，通过亲情漫画、微博等发起“一定回家过年”的话题讨论，引发年轻人的共鸣。话题大热中又推出 H5“亲情算术题”，让情感高潮来临，点击量超过 6 万次。此外，还有互动游戏 H5 及众筹 H5 活动，引发话题持续讨论潮。

对于异地的游子来说，过年之所以重要，是因为“家”的存在。这一话题主打亲情牌，将话题的重点放在“回家过年”上，寻求一种好朋友对话般的认同感。年关之际，汇源果汁能够直入人心，紧紧抓住这个情怀话题，顺势挖掘出动人、有力的情感，非常明智。

年后焦躁、工作懈怠、减肥烦忧等，在年轻人中是多年不变的“梗”。春节后，汇源果汁首发年后减肥海报，直击健康话题，随后又强势上线健康主题游戏型 H5，激发受众的兴趣。汇源果汁还借助当时的热播剧《女医明妃传》及妇女节话题“女人节的健康打开方式”引发持续讨论，并上榜微博热门话题。

可以看出，汇源果汁在品牌年轻化营销上，走“心”至极。年轻化、情感营销不再是单向思维、单向传播，也不再是靠接连不断的创意来逗乐消费者，而是站在消费者的角度深度挖掘消费者的需求，牢牢抓住年轻消费者的心，你累了就给个吻，乏了就做个鬼脸，冷了就给个拥抱。

情感营销中可以利用的情感非常多，比如信任、感恩、幸福、安全、浪漫、热情、幽默、怀旧等。每一种情感都可以策划相关的话题活动，以唤起消费者的共鸣，并与之对话，让他们感受到品牌的温度，而不是单向的冷冰冰的信息灌输。

从这里，我们也能看出情感营销的关键，即将传达的情感融入品牌态度与调性，找到其中的契合点，让更多的消费者潜移默化地感受到品牌对其情感上的支持与鼓励，从而建立起品牌忠诚度。

当前，市场竞争虽然激烈，但实质是对消费者的争夺，企业和品牌除了要注意商品质量上乘、包装新颖、价格公道、服务周到外，实施情感营销是非常不错的办法。通过关心消费者的痛点，对消费者真诚、尊重、信任，处处为他们着想，就可以赢得消费者的好感和信任，同时也可以树立良好的形象，提高企业、品牌的声誉。

十六、跨界营销：精心选择跨界 IP，拉拢年轻玩家

农夫山泉和故宫推出“限量故宫瓶”、可口可乐联合菲诗小铺（The Face Shop）推出全系彩妆、兰博基尼蝙蝠（Murcielago）推出“范思哲版”，还有星巴克猫爪杯、大白兔润唇膏、老干妈卫衣等，看到这些产品，请不要惊讶，

因为这是一个跨界的时代。在这个用户注意力越来越难获取的时代，仿佛不玩个跨界，不出个联名款，都不好意思将产品卖给年轻人。

近年来，各大品牌纷纷开始“不务正业”，推出衍生产品，开启跨界营销。好的跨界营销能够通过资源整合提升用户体验，提升品牌价值和形象，更能引起用户群体特别是年轻用户群体的兴趣和追捧。

在互联网时代，年轻用户群体对于硬广告或者强行植入的传统营销套路产生了审美疲劳，并心生戒备，跨界营销成为很多品牌的营销手法，意欲通过此举让品牌变得更潮，以吸引年轻人的关注。各大品牌纷纷绞尽脑汁，意欲为消费者带来新鲜的跨界产品。

星巴克猫爪杯一杯难求、故宫彩妆预售断货、六神味 RIO 饮品 17 秒内卖光 5000 瓶，跨界营销成功的背后又透露出消费者怎样的消费心理？在这背后，反映的又是消费者心态的哪些变化？随着人们生活水平的不断提升，消费心理也随之发生变化，人们越来越愿意尝试新事物，对新事物充满猎奇的心理。

但并非所有的跨界产品都能取得成功，还有大量失败的案例不为大众所知。跨界营销的关键是品牌与跨界 IP 有没有契合点。品牌在寻找跨界合作的 IP 之前，必须首先明确自身的品牌定位，如此才能找到与品牌理念和内涵相契合的IP。只有深刻洞察到消费者情感与产品之间的契合点，才能抓住消费者的心理。也就是说，要让消费者觉得好看、好玩又有趣，才能使消费者建立起对品牌的认知和信赖。老干妈卫衣这种跨界营销虽然获得了很强的话题性，但是在大众的新鲜感过去之后，不一定能取得长远的成功，因为老干妈的主营产品与卫衣之间并没有一个很好的契合点，所处领域和品牌气质也不相符。

跨界营销互相借用对方积累的品牌资产、优势资源，能够为自己的品牌调性带来新的元素，突破场景流量限制，并集中双方资源在短时间内引爆市场，从而引发用户关注。在注重市场细分和资源整合的今天，跨界营销最核心的价值是粉丝人群的精准互补，从而达到品牌效应叠加的效果。

2020 年，运动平台 Keep 携手光大银行推出“刷新自我，不健不散”主题联名信用卡，这次运动与金融的跨界尝试，成功实现了 Keep、光大银行和用户的三赢。无论是信用卡用户，还是喜欢运动健身的 Keep 用户，本质上都具有投资未来的理念，一个是消费与金融收益，另一个则是对未来健康体魄和美好身材的投资。双方提炼出“刷新自我，不健不散”的运动概念主张，“刷”既指刷卡、刷健身课程，也可以理解为“刷新自我”和“刷新每一天”。如图 6－8 所示。

图 6－8　Keep 与光大银行推出的联名信用卡

Keep 是一款具有社交属性的健身 App，通过打通运动健身圈的高净值用户，赋予光大信用卡健康运动属性，并通过双方优势资源整合，深入用户线上、线下全链路，深度影响目标群体。光大银行以拥有广泛年轻用户群体的运动社交生态为突破口，精准定位目标受众、输出品牌价值观和理念，也是收获满满。

产品品质是品牌成功的基础，营销方式则是其成功路上的关键。近年来，一种国内汽车市场开始进入低迷发展期，不过仍有一定的增长空间。随着消费升级以及消费群体年轻化，越来越多的车企将注意力转向年轻人，如何赢得他们的认可，成为各大汽车品牌在汽车营销上的新课题。有别于以往的消费群体与消费观念，传统的营销模式很难激发当今年轻人的消费潜力。

而领克 02 款汽车只用一年时间就打造出潮牌气质的网红汽车，赢得了年轻人的认可。它将传统工业制品与潮流文化进行深度融合，打破了汽车产品生冷刻板的形象。2018 年 4 月，领克 02 与知名时尚设计师品牌 JINNNN 合作，将领克标志性设计语言融入服装、配件等中，并以此举办了一场“时装走秀”发布会。双方联手推出的一系列限定版潮流单品在 2018 年上海时装周期间备受瞩目，领克 02 通过跨界合作把与生俱来的潮流属性带入年轻人的视野。

2018 年 12 月，领克 02 将其中一款车型推出限量定制款，车主可以根据自身喜好对车身颜色进行自定义创作。此外，领克 02 还通过音乐节、综艺节目等热门 IP 持续进行跨界营销，这些富有情感、高度契合年轻人生活方式的传播手法，极大地拉近了其与年轻人之间的距离。

领克汽车在消费者心中留下了年轻化、个性化的品牌形象，领克 02 也逐渐形成了特有的年轻用户圈层。据统计，在领克 02 目前的车主中，90 后车主占比高达 50.4%。毫无疑问，领克 02 的跨界营销是非常成功的。

简单粗放、毫无契合点的跨界营销并不会让年轻人心动，年轻化的跨界营销也并不是简单的跨界融合，只有那些能够吸引年轻人关注，能够击中年轻群体痛点，能够引起年轻用户共鸣甚至引发自传播的营销，才是成功的跨界营销。

十七、网红营销：双微之后，年轻人想要什么样的网红营销

咨询公司 Morning Consult 的《网红营销报告》显示，近 72% 的 Z 世代和千禧一代会在社交媒体上关注网红。52% 的 Z 世代和 50% 的千禧一代表示，他们更加相信网红对推广的品牌和产品所给出的建议。

随着互联网的兴起，各式各样的网红出现在人们的视野当中，越来越多的年轻人希望自己成为网红，因为成为网红既可以体验到处被人追捧的感觉，更可以名利双收。

艾瑞咨询与新浪微博联合发布的《2018 年中国网红经济发展洞察报告》显示：截至 2018 年 5 月，中国网红粉丝总人数达到 5.88 亿人，网红经济规模突破 2 万亿元。不少品牌借助网络红人宣传产品、品牌从而大获成功，这让我们看到了网红营销的巨大潜力，企业和品牌也开始着手策划网红营销

活动。

网红营销（influncer marketing）主要是指依靠有影响力的网红传递产品和品牌信息，吸引潜在受众，获得转化的一种营销方式。网红营销活动一般通过名人代言、推荐、赞助、产品展示、直播等方式展开。

网红营销可以快速地建立品牌信任感，增强品牌意识。在消费者无从下手或者对品牌怀疑不定的时候，建立信任感至关重要。通过网红营销，网红将品牌分享给已经建立起信任关系的人群（粉丝），消费者就会打消对品牌的怀疑，更愿意相信网红所推荐的产品。有效的网红营销活动会使品牌看起来更加真实和受欢迎。

网红营销的效果快速可见，可以帮助品牌在短期内提升产品的销量和转化率。以当前最火的直播带货来说，知名网红在短短 1 小时内就能带来千百万元乃至上亿元的销售额，足见网红营销的销售转化是非常厉害的。

网红营销还可以弥补内容营销的短板，网红从用户的角度出发来证明产品的效果，除了吸引用户购买之外，还可以创造出全新的互动内容。

网红营销虽然是一种效果非常好的营销手段，但并不意味着网红营销适用于所有的产品、行业、内容和场景。那么，如何判断产品是否适合进行网红营销呢？

首先，需要确定你的产品是否具有吸引力和话题性；其次，需要确定品牌是否拥有专业的品牌设计及营销风格；再次，需要确定网红能否影响消费者；最后一点很重要，比如，如果需要推广的产品是口红，那么就应该选择美妆博主，而不应该是营销专家。

短视频最容易让年轻人上瘾，谁抓住了这一点，谁就掌握了流行文化的密码。惠普就利用网红营销及短视频营销成功地开展了一次营销活动。

惠普畅游人系列笔记本的目标受众是 18～28 岁初入职场的年轻用户，于是惠普邀请了杨洋、柏邦妮、伟大的安妮等知名艺人及网红拍摄宣传广告。

随后，惠普还与年轻用户喜欢的陌陌进行了合作，邀请陌陌上 4 位人气颇高的年轻网红为惠普畅游人系列笔记本代言。惠普拍摄了 4 个风格不同且水准颇高的短视频广告，通过短视频这种最潮的社交互动方式，以年轻人的视角向更多年轻人传递惠普的品牌理念。

惠普借力年轻网红，将年轻人勇敢追梦的态度展现得淋漓尽致，这也引发了年轻人的共鸣。在情感共鸣的过程中，自然而然地将网红的粉丝转化成为品牌的消费者。

一项研究报告显示，30%的18～34岁受访者会尝试购买由知名网红促销的产品。全球几乎29%的消费者表示，网红代言会影响他们的购买决定，而25%的消费者由于网红推广而购买了产品。但是也要注意，大多数（65%）的受访者表示，网红推销的产品过多。所以，企业和品牌在选择网红的时候，要分析品牌与消费者之间的契合度，这样才能让网红营销的效果更好。

那么，在实施网红营销的时候，如何判断网红的影响力呢？首先，要确保网红与产品具有相关性。仔细阅读有关网红的信息，了解其粉丝是什么类型的消费者。其次，要查看网红的粉丝数，粉丝数是衡量网红社交品牌效应的一个重要指标。不过，不少网红的粉丝是购买的僵尸粉，这将影响营销效果及销售转化率，这点要注意甄别。最后，发帖频率与粉丝参与度也是重要指标。网红经常发布高质量的内容，粉丝更有可能参与、分享和收藏。粉丝参与度高说明粉丝对网红发布的内容真正感兴趣，体现了网红对粉丝购买决策的影响程度。

网红直播是最近两年的热门话题，几乎所有的视频社交分享平台都有了直播功能，直播与网红的影响力开始真正地体现出来。越来越多的品牌找到这些与消费者距离非常近的网络红人，利用他们的影响力实现更自然的销售转化。

十八、活动营销：想方设法和年轻人玩到一起

抓住了年轻人，就抓住了未来。很多品牌开始用接地气、创新、幽默甚至无厘头的方式，想方设法地和年轻人一起玩耍。

“折扣你说了算”，你跳得越远，能享受到的折扣就越高。跳远打折营销活动被众多线下门店所采用，年轻人纷纷尝试，极大地刺激了消费。如图6－9所示。

还有店家推出“王者荣耀·段位用餐福利”，在广告中明确标明各个“段位”所能享受到的优惠折扣，从“青铜渣渣不打折”到“最强王者打

图 6－9　跳远打折营销活动

6. 8 折”，划分出 6 种不同的折扣。这些既新鲜又接地气的玩法，都为店铺增加了营收。

打折、抽奖、签到、答题、投票、小游戏……各种各样的活动形式，无论是线上的还是线下的，都已经被商家玩得炉火纯青，而消费者也是乐此不疲。试问，这么大的优惠折扣摆在那里，哪一个消费者会拒绝？

活动营销（activities marketing）是指企业通过介入重大的社会活动或整合有效的资源，策划大型活动而迅速提高企业及其品牌的知名度、美誉度和影响力，进而促进产品销售的一种营销方式。活动营销可以说是经久不衰的营销方式，不管企业、品牌处于什么阶段，都需要配合各种各样的活动去转化、沉淀用户群体。

近 90 岁“高龄”的美妆品牌百雀羚，是父母甚至爷爷奶奶那一代人的畅销品。最近几年，百雀羚品牌急转车头，各种活动营销、娱乐化和社会化营销轮番上阵，年轻消费者群体被迅速圈粉，沉睡在人们心中的老品牌已经走进年轻人的生活。

年轻人是每个品牌关注的焦点，大学这座天然的年轻人流量池，无疑是商家必争之地。2017 年，知名饮用水品牌怡宝携手腾讯发起了校园主题活动，先后在清华大学、北京大学、复旦大学、上海交通大学等 100 所知名高校，为大学生打造了一场场趣味运动会。这些活动营销传播周期横跨全年，覆盖了数百万名大学生，还引发了亿级体量的线上口碑传播……这些活动营销持续不断地为品牌带来居高不下的热度，当然也为怡宝带来了可观的销量。

年轻人是矛盾的共同体。一方面，95 后大学生都是熬夜党、低头族，作息不规律，缺乏运动。另一方面，他们极度崇尚健康、积极的生活态度。怡宝发起“青春一起 RUN”趣味运动会活动，带领年轻人走向户外，一起感受青春的活力。但如何说服年轻人参加活动呢？怡宝通过母校情怀吸引了数百万名大学生参加。参加趣味运动会的学生，活动的全过程都会由手机 QQ 记录步数。学生可以自愿将步数捐给支持的院校，主办方则通过每个学校的累计步数来进行排名。排名第一的高校有机会成为《约吧大明星》节目的第二季录制地。

趣味运动会设置了 10 个关卡，闯关后的大学生可书写心愿，随后转交给《约吧大明星》第二季栏目组，被抽中的心愿将由明星帮助实现。在这场活动中，怡宝还提供了各种各样的福利。

创意合影、强调协作互动的创意瓶盖挑战赛、低门槛的游戏机制，还有腾讯校园校花主持人全程直播……重互动、重合作的体验让每一个参与的大学生都享受到体育运动、健康生活带来的身心愉悦感，也对怡宝品牌产生了好感。

要想抓住消费者，在活动策划之初就必须知道当前所处的社会环境和流行文化，了解广大消费者在关注什么，聆听消费者在谈论什么，并参与到消费者的谈论之中，成为大众舆论的引导者。

一个好的创意也非常重要，活动营销的本质就是让更多的人来参与，而好的创意则可以吸引更多人来参与。

活动策划最忌讳自娱自乐，要和消费者玩到一起。让消费者参与、谈论、转发、评论，没有消费者的参与，活动策划就是空中楼阁。好的活动营销一定会通过活动引发话题讨论，通过社会效应带动流量和声量。

需要注意的是，大型活动营销的周期一般比较长，品牌商对于几个月甚至全年的活动，一定要把握好节奏，从悬念造势到亮相引爆再到持续深化，必须设计好不同的传播阶段，在每个阶段都拿出不同的话题点来持续吸引消费者的注意力，拼命抓住消费者的视线，让消费者一直关注你。否则，周期长的活动，很容易被消费者遗忘，因为消费者的注意力稍纵即逝，即便是社会大事件，一两周之后也会被忘记得干干净净。

十九、事件营销："轻、快、爆"的流量爆发

快速打开知名度，吸引大家关注，节约广告营销费用，运用得好甚至可以使零成本发起的事件营销（event marketing）一直备受企业的青睐。

比如，在2014年的夏天，"ALS冰桶挑战赛（ALS Ice Bucket Challenge，ALS即肌肉萎缩性侧索硬化症）"成为一场席卷全球的病毒式事件营销盛典。这场挑战赛要求参与者在网络上发布自己被冰水浇遍全身的视频，该参与者可以邀请3个朋友一起参与这一活动。活动规定，被邀请者要么在24小时内接受挑战，要么为ALS公益协会捐款100美元。该活动旨在让更多人了解ALS这一罕见疾病，同时达到募款帮助患者治疗的目的。

短短几天时间，这一挑战赛就火遍全球，从体育界玩到科技界，又从科技界玩到艺术界，四面八方的英豪尽成落汤鸡，比尔·盖茨、扎克伯格、梅西、雷军、刘德华、李彦宏、王力宏等人都接受了挑战。

事件营销是企业通过策划、组织和利用具有新闻价值、社会影响力以及名人效应的人物或事件，吸引媒体、社会团体和消费者的兴趣与关注，以求提高企业或产品的知名度、美誉度，树立良好品牌形象，并最终达到促成产品或服务销售目的的手段和方式。

2018年世界杯足球赛举世瞩目，华帝策划发起了一场"法国队夺冠，华帝退全款"的事件营销活动。世界杯足球赛开幕前，华帝就通过微博公布了董事长的签名文件，正式发布这一活动，随后微博各大V纷纷进行转发，引发了第一波宣传热潮。6月14—30日，在线上，华帝利用H5、微信、贴吧等全面推广活动，使这次宣传达到高潮。在线下，华帝通过全国40个城市的分众框架广告、网易广告等积极地配合宣传，使得这一活动人尽皆知，并引发热议。同时，不少消费者为了占便宜（可以退款），购买了华帝产品。

7月6日凌晨，2018年世界杯足球赛法国队以4∶2的战绩战胜克罗地亚而夺冠。7月16日凌晨，华帝官方微博发出公告，正式启动"退全款"流

程，宣布只要是6月1日0时至7月3日22时购买华帝“夺冠套餐”的消费者都可以退还全款，同时也公示了退款的整个流程。

在这场活动中，华帝官方微博发布的两个话题“法国队夺冠，华帝退全款”和“华帝启动退全款”，阅读量超过1亿次，参与讨论人数超10万人。“华帝启动退全款”还牢牢占据了7月16日百度搜索热点榜首，在差不多1个月的时间里，华帝的百度搜索指数都居高不下。

再来看看这场事件营销的费用成本。线上与线下的退款总额为7900万元，再加上广告投放等费用，整个活动的总成本约为1.1亿元，看起来数额非常庞大，可是销售总额高达10亿元，营销总成本仅占10%，无疑华帝是个十足的大赢家。一场事件营销转化而来的经济收益和广告效益都十分可观，传播效果远超其他营销方式。

从上面这两个事件营销案例中，我们可以发现事件营销的三大要诀：轻、快、爆。“轻”指的是内容要轻、媒介选择要轻。不建议使用太复杂、太花哨的创意或者规则。线上方式更值得提倡，因为传播的速度更加迅速。比如，在ALS冰桶挑战赛中，活动规则及参与方法都设计得极其简单。完成冰水浇身、网络发布这两步即可参与活动，整个过程简单明了，不到1分钟即可完成。

“快”指的是传播速度、发力速度要快。好的创意可能要打磨几周甚至几个月，但是性价比高的事件营销的速度一定要快。尤其是借助热点的事件营销活动，一定是越快越好。否则，活动的预热准备期过长，等到你的创意出来，市场和竞争环境可能已经出现了巨大的变化，很可能竞争对手已经提前上线了。

“爆”可以简单理解为爆点要强而有力，一定要打破常规。现在的事件营销爆发的核心路径普遍都在互联网的社交媒体上，所以不管是创意设计还是媒介组合，都要围绕着社交媒体来设计。事件营销中的爆点，一般更多指向营销关键词或符号。比如，“逃离北上广”“丢书大作战”等，每个事件的营销活动必须有简短且识别度高的主题词（关键词），还要具有强化统一的视觉符号，创意要简单干净。

事件营销还要掌握好节奏，这也是执行的关键。事件营销最好安排在周二到周四发布，因为很多人这段时间都在上班，看到一个事件爆发可以顺便吐个槽。周一一般工作都比较忙，大多人无暇参与。而在周末休息时间发布话题一般容易遇冷，也不推荐。

再来看看上面的 ALS 冰桶挑战赛案例，被邀请者要么在 24 小时内接受挑战，要么捐款 100 美元。24 小时这个时间限制设置得很好，每间隔 24 小时都能掀起一个小的热点，这样就有效地保证了这一活动的时效热点。

二十、会员营销：数据时代，如何“圈粉”年轻人

大数据时代，针对年轻人的时尚性营销手段非常多，但会员营销并不会过时，从某些方面来说，会员营销的春天才刚刚到来，大数据也将成为会员营销的助推器。

会员营销是企业（商家）为了维系与客户之间长期稳定关系而演变成的一种营销模式和营销手段，它通过提供适合会员需要的服务或差异化服务、精准营销，开展宣传、销售、促销等活动，来提高顾客的忠诚度和活跃度，从而提高销售额。它的实质是一种顾客管理模式。

会员营销的经营成本低，一般来说维系一个老客户的成本要比开发一个新客户的成本低很多，确保老客户的再次消费是降低销售成本的一个好办法。利用会员信息和消费习惯对会员进行分类，可为会员提供差异化服务与精准营销。另外，客户倾向于信任已经消费过的会员，所以利用会员的口碑宣传能提高品牌影响力。

总的来说，会员营销不仅可以帮助企业和品牌找到精准目标客户群体，建立紧密的连接，更有助于企业和品牌做好成本控制、会员留存和利润提升工作，为企业创造最大商业价值。

例如，星巴克推出名为星享卡的会员卡，分为银星级、玉星级、金星级三个等级，根据不同星级提供差异化服务。消费者消费满 98 元可以成为银星级会员，消费满 250 元可以升级为玉星级会员，消费满 1250 元可以升级为金星级会员，不同等级会员享受不同的优惠和额外服务，比如：银星级会员可以享受 3 张买一赠一券、1 张免费早餐券和 1 张升杯券，玉星级会员的优惠为3 张买一赠一券和 1 张生日当月免费券，金星级会员则在前一级的基础上增加了周年庆优惠免费券、消费 10 次获赠 1 杯咖啡和 1 张金卡。从中可以看

出，星巴克针对不同会员的目的各有不同，对银星级会员主要是培养其消费习惯，让消费者对星巴克产生依赖，对玉星级会员提供的优惠主要是提升其消费总额，对金星级会员则侧重于提升其消费次数。星巴克的星享卡会员体系在分级、优惠内容、服务等方面也各有侧重，很好地洞察了消费者的心理和习惯。

成功的会员营销一定要做好如下几点：

第一，根据品牌定位和产品性质设计合适的会员体系，是开拓新市场，还是侧重于留住老客户。

第二，会员营销是面向会员的精细化营销，这就需要借助大数据、云服务等多种互联网技术对市场和消费者的数据进行整合与分析，并在此基础上推出更多具有针对性的个性化服务，在提供更加方便、贴心服务的同时，满足和培养消费者更多的消费需求。

第三，加强与会员之间的交流互动，建立更多的情感联系，巩固已有的市场。企业和品牌不仅要用特权和优惠满足会员更多的物质与心理需求，还要注重会员的社交需要和情感需求，通过不断的沟通交流与互动活动，让会员对品牌产生更多信任和依赖。

有的企业和品牌认为会员营销提供优惠折扣就行了，于是在会员日打 8 折，可是竞争对手会打 7 折，一个月你设立了 6 天会员日，竞争对手可能会设置 8 天会员日……如此一来，你的客流不但没有增加，反而还会下降，最终的结果就是没有顾客。所以，专业化、个性化的服务才是会员营销竞争的关键，而并非简单的价格优惠。

当所有的企业都推出了自己的会员制，你的会员同时也是你竞争对手的会员，如何让他忠诚于你而不是竞争对手？这就要求你能提供区别于其他企业的东西，如个性化的服务、不同的折扣、好玩的会员聚会活动、会员之间更顺畅的沟通，等等。

二十一、植入营销：不落俗套的创意式植入才能带来更多流量

从各种各样的影视剧，到火热的综艺节目，到处都可以看到植入产品的

身影。汽车、酒水、数码产品、食品、房地产等商品统统都被植入过。泛滥或者不合理的广告植入，会让观众产生视觉疲劳，影响观众的观看心情，达不到应有的效果，只有不落俗套的创意式植入才能带来更多流量。

植入营销是指将产品或品牌及其代表性的视觉符号甚至服务内容策略性地融入电影、电视剧或电视节目内容中，作为演员使用的道具或通过场景的再现，给观众留下对产品及品牌的印象，继而达到营销的目的。

植入营销并不是简单的冠名和产品展现，而是一定要与自身的品牌精神相结合，在创意上做到活灵活现，唯有如此，植入的产品才能紧贴节目内容，为客户带来身心愉悦的观赏体验，从而让品牌深入人心，带来事半功倍的营销效果。

纵观 2019 年的热剧及综艺节目，都可以看到可口可乐植入营销的身影。当然，可口可乐并不是生硬地进行冠名或者植入，而是巧妙出镜，借助综艺和热剧 IP，实现流量最大化，这值得众多品牌学习。

综艺节目《这就是街舞》以街舞竞技为主，以年轻人为核心收视群体。这一节目得到易烊千玺、韩庚、吴建豪等不同年代的流量加持，同样火得不一般。可口可乐邀请其中两位高人气选手进行广告拍摄，内容形式创意融合了街舞 battle（斗舞）的形式，其酷炫的风格让这个广告与《这就是街舞》节目的融合度更高，将品牌形象直接深入街舞爱好者这个年轻圈层。

在《快乐大本营》节目中，可口可乐同样进行了植入营销，主持人与嘉宾以可口可乐为游戏道具，巧妙地使用了可口可乐反转瓶，更带出可口可乐“畅爽好喝，让夏天更带劲”的标语。这种深度植入方式，让消费者印象深刻。

在《我的真朋友》《心动的信号》等影视内容中，同样可以看到可口可乐的身影。这些影视剧和综艺节目吸引了大量年轻人的关注。积极向上的内容、主角的出色表演、嘉宾的顽强奋进都让人直观地感受到热情、带劲，这也与可口可乐“畅爽”的关键词不谋而合。

通过综艺和热剧植入营销时除了要选对 IP 之外，营销方式也要创新，当然，产品本身的卖点也很重要。2019 年夏天，可口可乐采用创意瓶身玩法 + 代言人朱一龙的方式，让品牌更加深入人心。全新的反转瓶瓶身上印有二维码，扫描后即可进入 H5 与朱一龙互动，能让朱一龙念出你和你好朋友的名字，帮你传递反转语音祝福，这对于年轻消费者而言绝对是一个大大的惊喜。通过植入、创意和互动，可口可乐希望年轻人能够分享有趣的反转瓶，从而勇敢地表达心声，分享可口可乐，分享爱。

汽车企业同样喜欢采用植入营销。广汽本田新飞度赞助《中国好声音》，让“劲酷新飞度，中国好声音”这句口号为众人所熟知。上海大众凌渡在上市前通过植入营销的手段，成功搭上户外竞技真人秀节目《奔跑吧兄弟》，通过邓超、王宝强、杨颖等明星的效应，为其拉开预热的序幕。凌渡借助栏目的热度、人群覆盖面的广度和对于年轻消费人群的精准定位，谋求精神层面的契合，传递出积极向上的正能量，并随着节目的热播而被消费者提前熟知。

大多数品牌在进行植入营销的时候，仅把自己当作广告主，哪个剧火、哪个综艺节目效果好就在哪里投放广告或者冠名，往往忽略了流量曝光的有效性。可口可乐和众多车企精选符合自己品牌调性的综艺节目和热剧，通过创意化产品投放，精准有效地抓住了品牌核心消费者的眼球，通过一大波植入营销操作，圈粉无数年轻人，赢得了品牌知名度与销量提升的双丰收。

二十二、娱乐营销：有趣可能是年轻人的正经事

马云曾经说过：“十年以后我们最大的烦恼是健康和快乐问题。”的确如此，现在的年轻人越来越孤单寂寞，大多靠娱乐节目放松身心，这些年轻消费者对娱乐营销平台的认可度和使用时长都在不断提高。在这个娱乐至上的年代，对于年轻人来说，有趣才是正经事，娱乐营销也成为各大品牌不容忽视的营销方式。

娱乐营销是指借助娱乐的元素或形式将产品与客户的情感联系起来，从而达到销售产品、培育忠诚客户的目的的一种营销方式。不断扩充的边界、更加多样的呈现形式、紧跟潮流的玩法……娱乐营销展现出更多的新属性。但无论如何变化，都离不开“有趣”这两个字。

娱乐成就了很多伟大的公司，比如苹果公司、迪士尼、好莱坞等。很多企业通过娱乐营销成就了品牌，如麦当劳的娱乐定位，百事可乐也通过明星、音乐等娱乐战略成为中国受欢迎的饮料。娱乐营销可引发消费者的积极参与、

互动与扩散，品牌可借此占据舆论制高点，当然也能提高产品转化率。

如何实现趣味化表达？有如下几个方法：其一，故事化。很多品牌都通过讲故事来吸引年轻人。其二，场景化。不同的时间、空间里有不同的场景，在场景下可以更好地互动。其三，动态化。用当前的动图或者视频来展现美好。其四，娱乐化。只有娱乐化的产品或品牌，年轻人才会喜欢。

在移动互联网时代，娱乐营销不只是启用娱乐明星代言那么简单，也不仅仅是植入某个大 IP 影视剧，它还有更新的玩法，能为消费者带来全新的体验。比如，2019 年 9 月，网易有道词典就试水娱乐营销的新玩法，在“爱豆单词班”第二季，从演员阵容的筛选到活动的推广全过程都由粉丝参与。活动发起时，有道词典借助微博发起投票活动，由粉丝票选的 7 位名人录制了明星语音项目，并通过明星来电、明星陪你记单词等具有互动性、沉浸感的活动来为用户扫清学英语道路上的障碍。

后来，有道词典为扩大活动影响力，发起饭圈粉丝打榜为艺人置换资源的活动，充分调动粉丝的积极性，同时也发挥了粉丝效应，将有道词典的“爱豆单词班”的影响力拓展到圈层之外。“爱豆单词班”特殊的互动形式，吊足了用户的好奇心，如弹出式“第一视角”H5 和“每日壹句彩蛋”等活动，让整场营销活动不仅有声量还有质量。有了“爱豆”的陪伴，粉丝学英语不再枯燥，而是趣味十足。借助娱乐营销，有道词典成功地为品牌与用户架起了互动的桥梁，让品牌形象深入用户内心。有道词典借此不仅收割了流量和口碑，还通过寓教于乐的方式给粉丝创造了收益。

休闲运动品牌斯凯奇也是娱乐营销的受益者。真人秀节目《创造营 2019》吸引了无数年轻人，作为官方指定训练服品牌，斯凯奇为学员设计了不同风格的服装，从艰辛的训练到公演舞台再到淘汰赛，每一幕都有斯凯奇的身影，它陪伴学员一路披荆斩棘，挑战王者之巅，成为学员从懵懂、青涩到专业的追梦之路的见证者。

《创造营 2019》宣传的是正向积极的价值观，斯凯奇以贴合各位学员的成长为主旋律，自然而然地将产品植入节目中，潜移默化地将品牌信息传递给消费者，得到了大量年轻人的支持。

再来看看知名汽车品牌宝马，它通过与《王者荣耀》的深度合作实现了与消费者的深层沟通。《王者荣耀》为宝马1 系开发了赵云限定皮肤，设计了全新的汽车人形象，该形象源于涡轮发动机技能特效，还有专属的宝马1系回城特效。在每一个升级挑战的环节，都需要用户的交互动作才能触发。宝马1系通过有趣的游戏娱乐互动，与年轻消费者“玩在了一起”。如图6－10所示。

图6－10 宝马1系通过游戏娱乐吸引消费者

未来，在一切皆娱乐的大趋势下，娱乐将从品牌的内核渗透到外延，所以，每一个品牌都应该构建涵盖娱乐基因产品的开发、娱乐内容的生产、品牌娱乐性、渠道整合以及粉丝营销等方面的品牌娱乐资产。

二十三、创始人营销：“草根英雄”提升营销境界

如果乔布斯不是卖苹果，而是卖香蕉，他的粉丝依旧会买账；如果雷军不是做小米，而是做大米，他的粉丝也会继续买账。先是认可你的人，再去认可你的产品，这就是创始人的魅力。一项调查结果显示，64%的公司高管深信企业声誉来自CEO的声誉，CEO的声誉对企业声誉的贡献度至少达50%。

提到创始人营销，相信大家脑海中都会闪现出董明珠、罗永浩、陈欧、乔布斯等知名企业的高管或创始人，他们已经成为企业品牌的第一流量和代言人。在互联网时代，公关营销越来越需要借助人格的力量，尤其是在互联网、电商、手机、时尚、设计等相关行业。

乔布斯不是软件工程师，写不出一行代码，也没有高学历，更不是传统意义上的产品经理，但是他却把濒临破产的苹果公司变成世界上最会赚钱的科技公司之一。作为苹果公司创始人的乔布斯，其超强的人格魅力、影响力及营销能力为苹果公司的腾飞奠定了基础。

“彪悍的人生不需要解释！”罗永浩的这句名言让锤子科技一炮打响。作为锤子科技的创始人，他身上带有很多标签：“创业偶像”“相声演员”“科技宅男神”“著名网红”等。他带有传奇色彩的人生经历和励志的创业故事，从一开始就引发了大众对锤子科技的关注，并引发了“罗永浩式崇拜”热潮。锤子手机的新品发布会更像一场罗永浩的单口相声表演和粉丝见面会，其幽默的风格和搞笑的段子为锤子科技吸粉无数。

特斯拉目前是全球最大的电动汽车品牌，它同样靠创始人营销成为人尽皆知的品牌，而特斯拉的广告费用却是0。特斯拉的创始人马斯克有自己独特的一套宣传方式，那就是品牌人格化。马斯克就像漫威电影中的超级英雄，做没有人看好的纯电动车市场，一直坚持自己，成为许多人眼中挑战世界的英雄。

创始人是品牌最好的背书，无数创始人把自己的名字当作品牌名字。品牌人格化的良好运用能对品牌建设起到实质性作用，将创始人的价值观、人格魅力以及创业经历都转移到品牌价值上来。

“我是陈欧，我为自己代言”，这句话捧红了陈欧，也捧红了聚美优品。陈欧作为聚美优品的创始人，还有另一个更为人所津津乐道的身份，就是自己品牌的代言人。在广告《我为自己代言》播出后，陈欧白手起家的励志经历和阳光帅气的外形深受年轻人喜爱，其微博粉丝暴涨到4000万。一时之间，陈欧的创始人光环效应给聚美优品带来了超高人气。

可以说，带有独特个人魅力的品牌创始人，是一家公司重要的隐性财富。相比于邀请明星做代言人，创始人更具品牌第一代言人的价值，因为他们不仅是企业的创始人，更是品牌的塑造者，就像乔布斯之于苹果、马云之于阿里、马斯克之于特斯拉、雷军之于小米、董明珠之于格力一样。在基于内容消费和人格消费的时代，创始人的人格魅力对于品牌建设来说越来越重要。

如何让创始人成为超级IP？如下几个办法可供参考。

第一，把创始人打造成行业专家。他需要熟悉自己的公司和产品，知晓竞争对手的情况，对所在行业的过去、未来和现在都了如指掌。然后通过频繁的分享和密切交流的方式，提升自己的影响力。

第二，通过标签打造自己的品牌。可以写下 10 个想给自己贴的标签，长期、重复对人介绍这些标签，久而久之，你就变成了别人印象中的你。

第三，打造自身魅力。打造独特的个人魅力，坚持自己的个性，努力把自己和别人区分开。

创始人营销首先要做好定位，选择一个能吸引用户并且和其他竞争对手不同的特点。其次就是泛传播，通过文字、图片、语音、视频或者课件、动漫等，在各种线上平台及线下平台通过内容吸引用户。最后，一定要注重转化。创始人的盈利模式主要是粉丝的转化率。如果粉丝对你的信任度很高，自然会信赖你所推荐的产品。

需要注意的是，在品牌创建初期，可以依靠创始人的经历、魅力来影响消费者。但是，只有塑造自己的品牌影响力，才能在瞬息万变的社会中存活下来，单纯依靠创始人是没办法继续发展壮大的。从一定意义上来说，越过了初始阶段之后，要想长期发展下去，创始人的品牌印记越小越好。

二十四、游戏化营销：让广告在互动中绽放魔力

“大吉大利，晚上吃鸡”“王者绝非偶然，实力成就辉煌。心怀荣耀，勇往直前”。小到五六岁的小毛孩，大到五六十岁的老大爷，很多人都喜欢《王者荣耀》《绝地求生》等游戏。游戏似乎具有一种魔力，让人不知不觉迷上它。在这个人们注意力匮乏的年代，游戏却能轻松地吸引人们的关注，这个现象不容小觑。

《2019 年中国游戏产业报告》显示，2019 年中国游戏用户规模达到 6.4 亿人，2019 年中国游戏市场实际销售收入为 2308.8 亿元。如此巨大的用户人群及市场规模，让众多品牌开始热衷游戏化营销。

提到游戏化营销，是赞助、冠名游戏，还是品牌露出、设计一款游戏呢？其实，真正的游戏化营销应该要做到神不知鬼不觉，明明已经进入游戏却让人浑然不知。游戏化营销只是用游戏设计的思维来思考营销，并不是一定要把营销活动做成游戏一样。

首先，讲故事是游戏化营销的一个要素，要么直接表明对产品或品牌故事的认同感，要么创造一个有利于强化产品、品牌认同感的游戏故事。由思科（Cisco）发起的“火星网络挑战赛”，通过游戏的方式，让品牌受众能够在游戏中接触并探索他们的新产品。为了突出游戏的参与度，游戏着重塑造了一个具备时代感的故事，比如让玩家化身成为故事的主角，利用思科的技术来推动火星移民计划，整个操作简单便捷，加之无尽的关卡，让受众享受到了玩游戏的乐趣。

其次，在实施游戏化营销的时候，一定要注重游戏的趣味体验。耐克的 *REACTLAN* 就做到了这一点。游戏前，消费者可以拍照创建属于自己的虚拟形象，随后在虚拟世界中开启自己的奔跑之旅，既可以在云层中跳跃，也可以在游戏内欣赏憨态可掬的大熊猫，最后还能收到 10 秒游戏片段，方便自己分享到社交媒体上。在体验趣味游戏的同时，消费者完成了利用耐克店内跑步机测试鞋子性能的一系列行为。

最后，为了让游戏化策略得以持续发展，还必须挖掘出游戏吸引玩家回头的亮点。通过设置一定奖励或排行榜的方法，可以在某种层面上满足消费者的心理需求，并为游戏带来更多的投资，以刺激消费。

西贝莜面村为了推广招牌小吃，实施了一个和服务员猜拳的活动，消费者只要赢了就可免费获得一份小吃。这一游戏环节获得了很好的反响。赢得猜拳后获得一份小吃，比直接附赠小吃更加吸引人，在消费者的认知里，这份小吃不是直接送的，而是自己赢来的，消费者的成就感与心理价值大大提高。同时，消费者也乐意分享与推荐这个活动，这样一个有趣的“便宜”便吸引了更多的消费者。

通过西贝莜面村这个案例也可以看出，游戏化营销并不是必须开发线上游戏，具有游戏思维其实更重要。消费者并不是一堆冷冰冰的数据，他们同样渴望在体验过程中享受到乐趣，这是人们不断玩游戏的重要原因。随着 AR、VR 技术的兴起与普及，品牌游戏将会变得越来越普遍。

二十五、知识营销：来一场碎片化时代的信息大爆炸

当今，微博、微信、QQ、各大视频平台都在泛娱乐营销的路上一路疾

行。不过，知乎、头条问答、百度问答等平台却是反其道而行之，以知识营销的形式成为一股独特的清流。

知识营销是通过有效的知识传播方法和途径，将企业所拥有的对用户有价值的知识（如产品知识、专业研究成果等）传递给潜在用户，并逐渐形成对企业品牌和产品的认知，将潜在用户最终转化为用户的过程和营销行为。

为什么要进行知识营销？当今是一个信息大爆炸时代，各种无序和混乱的信息时刻冲击着人们，人们的决策成本也大幅提升。在消费升级的大背景下，新成长起来的年轻人拥有高学历、高收入、高购买力的特点，他们追求高品质的生活方式，也更加乐于学习、乐于分享，对自我要求也更高。在信息传播愈发碎片化和娱乐化的当下，品牌信息很难真正占领用户的心智。面对这些年轻的高价值用户，简单的信息传递只会被他们过滤，而利用“高质量的内容”与他们进行深度沟通，最终影响其消费决策，才是明智之举。

作为一种创新的营销方式，知乎的知识营销价值备受关注。从汽车大品牌奥迪、奔驰，到快消品牌特仑苏、佳洁士，再到高科技品牌英特尔、高通、科大讯飞等，它们纷纷选择与知乎合作，开启了知识营销新征程。

作为快消品的特仑苏，在高端乳品市场同样面临着普遍的同质化问题。特仑苏选择了知识营销，与知乎展开了一场跨界合作。

第一步，特仑苏与知乎携手挖掘了知乎站内 54 个趣味十足的自然科学知识，并以原生广告的形式投放到知乎站内，唤醒用户的好奇心和求知欲，影响种子用户。

第二步，初步建立自然科学知识与特仑苏的关联后，特仑苏将线下产品包装全面升级，将 54 个自然科学知识二维码印刷在特仑苏有机纯牛奶全新版产品包装上，用户扫码即可获取知识，在强化用户交互体验的同时，还引发了用户的讨论及互动反馈，这些都转化为特仑苏品牌内容资产的一部分。

第三步，通过入驻知乎机构号，进一步与知乎用户展开更多且长期的沟通交流。特仑苏以问答、文章等知乎用户熟悉而习惯的方式，继续以自然科学知识内容与用户保持密切沟通，从而长期培养知乎平台上潜在的特仑苏消费者。

通过知识营销，知乎与特仑苏携手举办了一次跨界营销的盛宴。这场知识营销活动之所以能得到知乎用户的热情参与，离不开特仑苏深耕自然科学知识内容。知乎与特仑苏的合作赋予每一瓶牛奶自然科学知识，让消费者被知识不断刷“瓶”。这些自然科学知识的趣味性强，同时还兼备专业深度和趣味可读性，于潜移默化中提升了用户对品牌产品的认知。特仑苏用知识的力量，将知乎用户与特仑苏紧密连接起来，既形成了差异化认知，也实现了品牌溢价。

从特仑苏与知乎的合作中也可以看出，知识营销不只是停留在线上，当然也不只是为了塑造品牌形象，还可以打通线下，甚至直接与销售关联，通过场景营销，推动产品销售。

其实，知识营销的应用十分广泛，无论是公关活动、商场活动，还是个体小商贩的销售行为，营销者都会宣传其用处和好处，介绍其使用方法甚至有关这种产品未来发展趋势方面的科普知识，通过引导人们的生活方式与消费理念，达到提高销量的目的。

知识营销能帮助品牌拓宽思路，用不一样的深度价值内容提升品牌好感度，重塑品牌形象，通过传递产品背后的知识，直接影响消费决策，因此越来越多的品牌正在积极尝试这一营销方式。

二十六、教育式营销：年轻人无感？是因为你没有结合语境做传播

知名营销大师雷吉斯·麦肯纳（Regis Mckenna）曾说过，最好的营销是教育。教育式营销与传统的传递销售类信息及内容的营销方式完全不同，是一种通过使用教育类信息和内容与消费者建立可信度和信任连接的营销方法，是以建立信任为目的的知识分享。

教育是最好的营销，通过教育可以达到建立信任和刺激欲望的目的。教育可以潜移默化地让消费者接受我们的理念，接受我们的观点，甚至接受我们的产品。

其实，教育式营销早已经被熟练运用。尤其是在金融服务、IT 系统、医疗设备等行业，因为这些企业所销售的产品和服务都比较复杂，需要营销人员细致地与潜在用户进行沟通，因此这些行业每年都会开展不计其数的发布会、研讨会、培训会、论坛等。随着产品的快速迭代，产品功能的丰富及竞

争的加剧，更多企业开始将教育式营销作为一种重要的营销方式。

当下，社交营销、病毒营销、内容营销、娱乐营销等多种营销方式大行其道，为什么还有不少的品牌、企业将看似“笨拙”的教育式营销视为法宝呢？我们来看看微软是怎么做的吧。

1992 年，微软开始推行其微软认证体系，推出 MCSA、MCSE、MCSM 等一系列认证。设立至今，微软认证已经成为全球 IT 界知名度最高、影响力最大的认证体系，这些认证也几乎成了 IT 从业人员的应聘通行证。

其实，这个教育培训认证体系在本质上是一个非常高级和宏伟的营销计划，无论是课上还是教材、考试，都推广着微软的产品和技术，影响着一代又一代的 IT 精英。微软通过教育式营销与用户建立了知识和精神纽带，同时也为微软产品建立起了非常牢固的竞争壁垒，这或许也是微软独霸天下的秘诀之一。

从上面的案例中也可以看出，对于营销而言，最好的投资并不在社交媒体、广告牌或者网站上，而是在教育上。很多公司已经成功地用教育的形式来传递产品知识给消费者、经销商及合作伙伴，通过此举与他们保持了较高的黏性。

教育式营销是建立关系和培育用户忠诚度的有效方式之一。它不仅能为用户提供如何使用产品、服务的有价值的信息，还能为他们展现想象不到的使用方式、使用场景和使用收益，能为企业带来有深度参与感和高满意度的用户。

很多顾客都会有这样的体会，花了很多钱购买了某款化妆品，回家使用后才发觉颜色不讨人喜欢，或者并不能呈现自己想要的效果。全球知名的化妆品品牌丝芙兰（Sephora）将 AR 技术和经过培训的销售人员相结合，通过教育式营销解决了顾客的难题。顾客进店后，工作人员会通过一款软件对顾客的脸部进行快速扫描，找到匹配她的调色板，并给出最适合她自然皮肤的色调。当然，顾客也可以在家里使用这一软件进行测试，从中选出最适合自己的色号。

化妆品、应用软件、保险、投资、育儿……不管从事什么行业，你的用户都是需要被教育的。我们需要教用户认同我们的经营理念、使命，以及如何正确使用我们的产品与享受我们的服务，并以此满足他们的需求。

教育式营销如何在年轻人身上发挥功效？其实，做好互动、结合语境做传播就够了！当前，越来越多的品牌在突围年轻化时都遇到了困难，在信息大爆炸时代，年轻人对很多营销形式非常无感，所以品牌需要学会用年轻人的语境来做传播。只有让年轻人有认同感、参与感和荣誉感，才能帮助品牌快速进入年轻人的语境，拉近品牌与年轻人之间的距离。

现在的年轻人都非常挑剔，他们会通过细小的事情来试探这个品牌是否有温度；他们也非常渴望互动，希望真正地参与到品牌的内容创作、活动创意中，而一旦其建议被采纳，他们会非常高兴，并会深深爱上这个品牌。

在自媒体和社交媒体盛行的时代，单靠一个公众号或者微博已经无法教育和影响所有的年轻人了，因为他们活跃在不同的圈层里。品牌必须在同一时间、多个圈层集中投放才能有效地到达受众。

第七章

疯传：像病毒一样传播渗透

一、整合传播：分阶段、有策略地进行传播渗透

传播在营销方案中扮演着极其重要的角色，也是品牌与消费者沟通的重要桥梁。在传统的大众传播阶段，广告是被企业广泛采用、行之有效的营销传播手段，但在当前新媒体突飞猛进的传播环境下，企业的营销传播也面临着全新的挑战。

移动互联网时代，营销传播的手段更加多样化。既有传统的电视广告、户外广告，又有新型的自媒体、短视频。在新媒体环境下，传播主体的无限增多、传播内容的海量化使得信息量成倍增加，而信息过量又导致消费者的注意力高度分散，不利于受众有效便捷地接收有用的信息。消费者在海量的广告信息面前，注意力已经很难集中了，更不用提记忆和采取购买行动了。企业只有对各种传播手段进行高效整合，才能实现营销传播效果的最大化。

整合传播本质是信息传播的运用方式，是传播因素的累加和整合，是信息的 N 次变量。整合传播是广告主所要传播的所有信息在统一的策略指导下以同一声音传达给广告受众。为实现既定传播目标，综合运用广告、社交媒体、促销活动等各种传播工具，以任务分工方式集体达成传播目标。

《王者荣耀》这款游戏目前拥有超过 1 亿的用户和玩家，然而，它当初上线发行时并不火爆。为了扩大品牌影响力，吸引更多的年轻用户，《王者荣耀》从游戏社交这一角度切入，采取了一套富有创意和趣味的传播组合拳，在全方位、多元化的传播中，不断让游戏特色和品牌深入人心。

第一，官方制作了五人“开黑”海报和 H5，以五人背影制造悬念，引导感兴趣的人扫二维码或者“绕到正面看一看”来揭晓谜底，从而诠释和突出《王者荣耀》“开黑”这一社交属性。第二，《王者荣耀》与必胜客合作，推出一组具有强烈视觉冲击力，并且结合游戏内人物内容和必胜客产品特色的主题海报，同时推出联合促销活动，将游戏与现实进行连接，让玩家在“开黑”的同时得到惊喜和优惠。第三，《王者荣耀》发布一系列 TVC 预告片，进一步设置悬念，并结合同款海报进行预热，赚足了一波热度。第四，借助《王者荣耀》电子竞技赛事中的知名战队和明星选手的名气，以冠军邀请函的形式引发话题讨论，同时为赛事进行预热，引起网友的围观。第五，

官方发布完整版TVC视频，独到而又明显地体现出“无处不团，你也在玩”的活动主题和游戏品牌理念。

《王者荣耀》通过多种渠道、方式、形式的结合与统筹，让这次品牌传播活动呈现出非常鲜明的层次感，环环相扣、充满创意。年轻张扬风格的活动形式与形象，有效地吸引了海量年轻玩家的关注与参与。

在实施整合传播的时候，首先要瞄准目标受众，研究目标受众的习惯与喜好。其次要确立传播的主题，当然，还要分阶段、有策略地进行传播渗透。下面我们一起来看看大众朗逸是如何分阶段、有节奏地利用整合传播来影响消费者的。

第一阶段，在产品官方信息尚未正式对外发布时，利用网络优势展开预热传播，在公众心目中形成“小辉腾 2”的产品形象。同时，在北京车展期间，加大报道力度，陆续占据主流汽车杂志的封面。

第二阶段，在产品上市传播期，通过广告宣传抢占主流汽车杂志封面和主流媒体专业汽车版面，确保后续媒体对朗逸认知方向的准确性和对产品评价的正面性。

第三阶段，产品上市后，开展对网络媒体、大众媒体的试车活动，深度挖掘朗逸在品质、安全、动力方面的优势，加深用户对朗逸卓越品质的关注。

第四阶段，产品上市一段时间后外界关注变弱，充分利用热点事件（如销量数据、评选、创新营销事件等）持续吸引大众关注。

企业应该充分利用各种媒体的特点与优势，加强与潜在消费者之间的互动和沟通，从而更好地了解消费者，更好地服务消费者，与消费者建立紧密关系，并在此基础上满足消费者的体验、文化和精神需求，这也是整合传播的目的。

当今的新媒体具有传统媒体无可比拟的传播优势，但这并不代表传统媒体就要退出历史舞台。相反，新媒体与传统媒体的融合、优势互补才是王道，整合现有传播资源，拓展现有传播渠道，才能实现整合传播价值的最大化。

二、牢记移动传播法则：$E=M\times C$

$E=mC^2$ 是爱因斯坦在狭义相对论中提出的著名的质能公式。而在移动互联网时代，信息传播方式和人们的信息接触行为都发生了很大的变化，信息传播格局也发生了剧烈的变化，信息传播的速度更快，于是有了这样的公式：$E = M \times C$，其含义为：信息传播的能量（影响力）＝信息的质量×传播的平台及速度。

在信息碎片化时代，我们每天都会被海量的信息所淹没，注意力也会被分散。就算是比较流行的公众号文章，多数人也是点开浏览一下题目、图片，看看结尾。当然，有深度、有质量的内容除外。

相比耳熟能详的内容，专注做有内涵、耐人寻味的内容更容易让人口耳相传。这说明，信息（内容）的质量很重要。“今年过节不收礼，收礼只收脑白金”，脑白金的这句广告语内容简短，播出频率高，很容易让广大消费者铭记在心，也让脑白金受益颇丰。“有汰渍没污渍”“巴黎欧莱雅，你值得拥有”……这些广告语言简意赅，通过重复的广告投放，让消费者牢记于心。

移动互联网时代传播的核心是研究人心，这并不是说要研究每一个消费者的心理，而是要找到细分群体、圈层，因为物以类聚、人以群分，每个圈层都有自己的共性。对于年轻人来说，走心的内容十分重要。好的内容能让年轻人喜闻乐见，主动传播给其他人。好的内容自带传播属性，可以吸引受众关注并获得好感，为品牌树立良好的形象，还可以吸引受众从而转化为用户。

比如，SK－II 广受好评的“她最后去了相亲角”广告，上线两周就获得了超过 1000 万的浏览量和百万级的讨论。这个广告击中了城市单身女性的痛点，引起了大量转发和讨论，也引发了目标群体对 SK－II 的好感，有人因为这个广告而开始关注 SK－II，有人因此而对 SK－II 转粉，也有人因此而直接成为用户。可见，选择消费群体关心的话题，哪怕一段故事、一个活动都可以吸引消费者关注，从而“润物细无声”般地传递品牌形象。

不社交无媒体！在移动互联网时代，没有社交属性的内容几乎是无法被传播和交换的，大家都喜欢分享有趣和有用的内容。这就要求品牌把内容注入社交属性，只有能够帮助用户表达观点、展示自我、寻找谈资、帮助别人的内容，才是好的内容。

在移动互联网时代，每个人既是内容生产者，也是内容传播者，每个人都是一个小媒体，同时又在消费其他人生产的内容。让用户参与内容生产，抑或让用户参与内容的分发与讨论，都是不错的办法。

移动互联网时代，是人人都有话语权的时代，这时候做信息传播要改变以往单向传输的做法，提供一个开放式的选择，让人人都来参与和产生内容。比如，要传播一台电脑，常规做法是想一个独特的名字，然后进行传播。其实，不妨举办一个征名大赛，让网友来给它取名字，让过程也成为传播的一部分。

再来看看信息传播的速度，移动互联网时代信息来势凶猛，去势也难挡，很多信息的生命力可能只有短短的一天，长的也不过三五天。每天都有新的爆点信息产生，所以一个信息用不了多久就会被网友遗忘。

从报纸、杂志到网站、论坛、微信、微博、自媒体，用户获取信息的渠道越来越多，信息传播的成本越来越低，传播效率越来越高，病毒化传播的速度也越来越快。如何高效、快速地为用户提供信息服务变得十分重要。这就要求品牌方在进行信息传递的时候，要学会追热点，借势热点，借力发力。同时，也要加快信息内容处理的效率，要在最短的时间内根据热点快速生产内容并进行发布和扩散。

三、平台选择：打通渠道，多维度多平台地进行高效传播

广播、电视、报纸、户外广告、互联网、楼宇广告、手机端等众多的传播平台、传播媒介，对于广告主和品牌来说，它们既丰富又迷离。“纸媒已死”“电视将死”的言论日盛，传统媒体的传播力日渐式微，不能选择传统媒体？非也。很多品牌不选择新兴媒体，却偏偏钟爱传统媒体。每个平台都有自己的优势和劣势，品牌对传播平台的选择要根据自身需求、目的、预算等多方面来综合考量。

地铁每天有千万次的客流量，有的人认为广告投放在这个渠道效果会很好，但这个渠道却没有办法监测到具体的流量和转化率，并不知道有多少受众看到了你的广告、产生了多少转化。但仍然有不少与流行时尚和日常生活相关的品牌选择在地铁投放广告，他们看中的是在封闭的环境中，地铁广告

的关注度相当高，且受众人群的学历、收入较高。

2011 年的新浪微博很热门，很多人都排着队去开官微；到了 2014 年，微信兴起，大家又开始做微信公众号；2019 年抖音很火，很多企业又开始去做抖音；2020 年直播带货火遍大江南北，很多品牌又做起了直播带货……这些最流行的渠道，真的能帮助你提升业绩吗？答案是“不一定”。

这些热门渠道汇聚了各种各样的用户，也汇集了大量的关注度，但就单个公司的业务或者品牌来说，要明白自己到底需要什么样的渠道以及挖掘方式。论坛营销在今天已经没什么人追捧了，但是在一些特定的业务领域，它仍然是热门的，如孕妇宝妈类论坛、游戏论坛、地区性贴吧等现在仍然非常活跃。那么，究竟哪个渠道的传播最适合自己？简单测试一下就知道了。只有进行科学的评估，得到真实的数据测试，你才能找到最适合自身的传播载体。

中国的媒介环境错综复杂。不同平台定位于不同的传播区域，具有不同的传播价值，随着传播技术和手段的日益丰富，受众群体获取信息的渠道和方式日益多样，多维度多平台的整合传播适用于大多数企业。

不得不说，这是一个“酒香也怕巷子深”的时代，所以，全面布局、多平台传播有利于解决消费者注意力稀缺的问题。当前常用的传播平台有音频、自媒体、短视频、直播等。每个平台的定位及技术手段各有不同，适用的人群也不同，企业和品牌应根据自己的信息内容选择合适的平台，以达到想要的传播效果。

产品不同的阶段，应该采用不同的推广渠道。在产品萌芽期，我们并不知道哪个渠道带来的效果会更好，所以应该选择更多渠道来进行测试，快速筛选出最容易获得有效流量的传播渠道。在产品发展期，传播渠道应该以专和精为重点，核心渠道会带来持续稳定的流量，一味地扩充运营渠道会导致我们精力分散。在产品成熟期，要采取“专精 + 铺面”的策略，不仅要把渠道做好，还要把渠道铺开，使营销效果最大化。

对于传播而言，企业和品牌选对渠道还不够，还需要做好前期的用户调查、内容制作，以及后期的数据反馈、调整优化等工作，这样才能形成一个良性循环的闭环，实现最好的传播效果。

四、精准推广：精准匹配年轻用户，引发互联网疯传

广告投入大、客户转化低，是很多品牌面临的问题。大数据技术的发展让精准推广成为可能，如果营销不精准，就相当于大海捞针，再多的营销费用都是浪费。营销推广的最大期望就是能够让营销内容直达目标用户，加上良好的内容展示使他们感兴趣，最后直接促成交易。针对年轻人群的年轻化营销同样如此。

在大数据技术的推动下，各行各业开始陆续依靠大数据技术为用户提供高效、便捷、智能、精准的服务。产品或服务的定位不同，适用的消费群体也有很大不同。要想做到精准营销，就要以消费者为出发点，搞清楚用户是谁、在哪里。当他们需要某款产品或服务的时候，能够第一时间把产品或服务展现在他们面前，这将极大促成交易。

定位于老年人产品的脑白金初期曾采用体验式营销的方式，面向老年人群免费发放脑白金产品，收到较好的反响。不过，当产品正式上市销售时，却难以销售出去。老年人虽然是直接受益人群，但是他们的购买力并不强，而且很节俭，产品高昂的售价让他们望而却步。很快脑白金改变了营销策略，把营销的目标精准定位在年轻人身上，并打出“孝敬爸妈脑白金”的广告口号，于是实现了销量的飞跃式增长。为何脑白金要面向年轻人进行精准推广？这主要是由于年轻人有经济来源，另外，年轻人给父母购买这款产品更能体现出他们对父母的孝顺。虽然吃脑白金产品的是老年人，但是营销目标却是他们的儿女，脑白金最终找到了精准的营销对象。

从这里也可以看出，精准营销要想获得成功，就要站在客户的角度去考虑问题。另外，很多时候产品的购买者和使用者是完全分开的，所以，企业在进行营销的时候，要把营销目标锁定在购买者身上，根据他们的消费习惯及需求进行精准推广。

精准推广就是把合适的产品、服务卖给合适的人，那么，企业如何知道哪一类产品和服务适合哪一类人群呢？这就要求企业在设计产品和服务之前就要做好市场定位，做好市场调查，清楚哪类人群才需要这款产品和服务。

然后企业可以尝试体验式营销，如果效果不错就说明目标人群定位是准确的。最后再根据这类人群的消费特点选择合适的营销渠道进行推广。

精准营销的关键是对大数据进行科学的分析。电影《小时代》在预告片上线后，从微博上通过大数据分析得知其电影的主要观众群体为90后年轻女性，因此影片的后续营销活动主要针对90后年轻女性群体展开，最后实现了票房大卖。电视剧《纸牌屋》在拍摄前，投资人通过大数据分析，了解了潜在观众最喜欢的导演与演员，然后邀请他们进行拍摄，果然获得了收视率、口碑双丰收。

互联网时代，大数据的作用正在被迅速而充分地释放，营销也在发生变革，只有做好减法，实现精准推广，才是企业生存发展之道。借助大数据分析可进行用户画像，根据人群、时间、地域、浏览行为等因素精准锁定目标人群，让用户在获取感兴趣信息的同时进入营销情境。好的内容策略甚至还可以引发互联网疯传，在不知不觉中完成整个营销过程，提升营销效果。

虽然互联网给我们的生活带来了便利，但面对信息的狂轰滥炸，人们常常无从选择。在消费者需要时给他们提供精准的信息，减少他们选择时的麻烦，也是精准营销的核心。

五、搜索引擎推广：把年轻人无处安放的好奇心引到正确方向上

好奇心是生命对世界认知的原力，对一切充满疑问，渴望答案，是对世界认知的构建过程。法国作家法朗士曾说："好奇心造就科学家和诗人，没有好奇心，或者缺乏好奇心，他的生活将永远是平庸的。"搜索引擎绝对是人类好奇心的产物。在我们生活的世界，已经拥有了海量的信息，但很多问题我们都不知道答案，所以我们会经常求助于搜索引擎。搜索引擎能够帮助人们与信息建立连接。而对于企业及品牌来说，搜索引擎推广则可以把年轻人无处安放的好奇心引到正确方向上来。

国内的搜索引擎很多，有百度搜索、360搜索、搜狗搜索、神马搜索、必应搜索、有道搜索、中国搜索等。在国外，还有谷歌、雅虎等搜索引擎。搜索引擎推广可以这样来理解，它是通过搜索引擎优化、搜索引擎排名以及

研究关键词的流行程度和相关性在搜索引擎的结果页面中取得较高排名的一种营销手段，它利用用户使用搜索引擎检索信息的机会，尽可能地将营销信息传递给目标用户。

搜索引擎推广的目标精准，用户在搜索时，其需求已经通过关键词表现了出来，而搜索引擎将根据用户需求给出高度相关的推广结果，最大可能地为企业创造商业价值。这一推广手段见效快，可快速达成交易。另外，其实施成本也比较低，投放灵活，没有用户访问则不计费。基于自然搜索结果的搜索引擎推广是免费的，投放时可灵活选择不同地域和不同时段。

搜索引擎推广有两大方法：其一是付费推广，比如竞价推广（SEM）、品牌合作；其二是免费推广，比如搜索引擎优化（SEO）、信息植入（问答、文库、百科等植入相关信息）、品牌推广（软文）等，构造适合搜索引擎检索的信息源。

搜索引擎推广是一项系统工程，不仅网站建设的专业水平、网站的功能和结构等因素与推广效果直接相关，而且其内容策略同样直接影响推广效果。好的原创内容可直接影响搜索结果，所以，搜索引擎对原创的高质量内容更加看重，会给予更好的排名。原创内容不仅可以直接吸引到你的目标受众，还可以吸引到搜索引擎，所以高质量的原创内容可以获得免费的流量转化。

在实施搜索引擎推广的时候，关键词的选取十分重要。只有选取了正确的关键词，才能让用户方便、快捷地查找到，这就像在图书馆查找资料文献一样。无论是付费的竞价推广还是免费的内容推广，都需要设置好关键词。这就需要我们了解自身产品投放的侧重点及用户需求，清楚自身品牌定位及精准需求用户是哪一类，这类用户的搜索习惯是什么，还可以将一些重要的关键词加上地域名称（地域词）。

比如，北京中关村一家新开的鲜花店想通过搜索引擎推广，那么可以这样设置推广关键词：中关村鲜花、中关村鲜花速递、中关村鲜花上门、鲜花预订、鲜花快递、鲜花礼盒、精致花篮、精品鲜花、节日鲜花、鲜花 8 折等。在进行内容创作的时候，这家鲜花店也要尽量多使用这些关键词，以便于被搜索引擎收录。

竞价推广（SEM）的效果很好，会展示在搜索结果的最前面，但会有“广告”两个字标底。竞价推广是按点击量来收费的，实力强大的企业多选择此种方式，以占据前几位的竞价位。其缺点是成本高，存在恶意点击现象。

近几年来，随着云计算、大数据、物联网、人工智能等信息技术的快速发展和传统产业数字化的转型，数据量呈现几何级增长。在很多 App、社交软件、社区都内置搜索功能的今天，如果想借助搜索引擎推广提高用户黏性，就需要针对自己的产品特点、用户需求来选择不同的平台及方法。因为每个搜索引擎都有自己的优劣势，需要针对不同的需求来进行选择。

六、电子邮件推广：怎样做才能让消费者对下一封邮件“迫不及待”

美国服饰品牌 Supreme 是全球知名的街头潮流品牌之一，这家结合滑板、嘻哈等文化的品牌成为全球潮流年轻人的“欲望制造机”。与其他企业不断给客户发送邮件、短信等信息会引起客户的反感不同，Supreme 让消费者养成了不断检查自己邮件的习惯，该营销策略非常独特。它是如何做到的?

Supreme 的邮件标志并不显眼，只在官网底部和新产品发布前的“shop”页面留有邮箱地址。

不过，当你注册了 Supreme 的邮箱之后，你却什么都没有收到！这是不是有些意外？当你开始等待 Supreme 的邮件时，内心就开始蠢蠢欲动了。但 Supreme 并不着急，因为它的策略就是让消费者对它的每一封邮件都“迫不及待”。

在这个消费者的电子邮箱里被塞满产品促销、打折信息和广告的时代，Supreme 却把邮件作为一个对外宣扬“你需要追随我”的工具，这不得不让人佩服。其实，Supreme 的这一策略与产品策略完全一致，有些饥饿营销的影子。所以，Supreme 奇怪的电子邮件推广策略不足为奇。

Supreme 火成这样，却并没有在广告或营销上砸钱。有选择、有策略地限量发布商品，制造抢购潮以及病毒式传播效应是Supreme的一大营销方法。此外，内容营销也是 Supreme 的一大策略，不断创造出更强大的话题和声势，Supreme 还让 Lady Gaga、Kate Moss 等超高人气的名人来代言。

电子邮件推广的成本低、投递速度快、精准性和个性化强，且操作简单、覆盖面广，是很多企业选择使用这个沟通渠道的原因。企业在实施电子邮件推广前，首先要收集大量的电子邮件地址和用户姓名，最理想的方法是让用户主动提交自己的邮箱信息。

企业在使用电子邮件推广时如何避免成为垃圾邮件是一个非常关键的问题，虽说所有的垃圾邮件都带有营销性质，但带有营销性质的邮件却不一定是垃圾邮件。一般来说，基于用户许可、对用户有价值的邮件不会招致用户的反感，不会被判定为垃圾邮件。如图 7－1 所示。

图 7－1　垃圾邮件容易招致用户的反感

一项研究表明，有 71% 的用户表示由于发送频率太频繁会退订邮件，76% 的用户认为对邮件内容感到反感。企业如何控制邮件发送周期？这取决于邮件的内容，时效性短的信息要优先发送，时效性长的信息可以适当延后发送，但要注意发送不要过于频繁。

对于电子邮件推广来说，邮件内容决定了推广的价值，如果邮件内容质量高，用户就不会轻易退订邮件。内容要对用户有价值，有特定的主题和方向，还要有合理的格式和样式，这样才能让用户产生深刻印象，让用户对产品更加忠诚。

电子邮件推广营销可以对其效果进行量化评估，这也是邮件营销的一大优势。通过对邮件到达率、阅读率、点击率等指标进行检测和分析，不仅可以用来评价营销的效果，还可以发现营销过程中的问题，以便对营销活动进行合理控制。

电子邮件推广在实际的使用中要注意避免发送垃圾邮件，避免主题不明确、发送对象不明确、邮件内容格式混乱等问题，还要注意发送频率不可过高。只有做到这些，才有可能让年轻用户喜欢。当然，Supreme 的邮件推广方法也值得我们学习。

七、微博推广：用有趣的信息和多样化的玩法吸引年轻人关注

随时随地刷微博已经成为年轻人日常生活的一部分，作为全球最具影响力的社交媒体平台之一，截至 2019 年底，新浪微博月活跃用户为 5.16 亿，日活跃用户高达 2.22 亿，16 ～25 岁的年轻人群在整个活跃用户中的占比超过 60%，30 岁以下年轻用户的占比高达 82%，微博上的年轻群体已经成为一股不容忽视的力量。海量的年轻群体让微博成为众多企业的首选营销平台，企业也越来越重视针对年轻群体进行微博营销活动。

年轻人对信息有着巨大的需求，大批年轻人被丰富的微博世界吸引。因为微博中有太多有趣的信息，他们喜欢在微博上分享讨论、彰显个性、表达主张。微博已成为年轻人获取最新消息、最有趣内容的第一选择。

此外，微博还聚合了海量的名人大 V，而这些人正是年轻人竞相追逐和崇拜的对象。微博上有大量的娱乐化内容、垂直性内容，从文字、图片到短视频再到直播，对各种形式都能承载，满足了年轻人表达自我主张的需求。所以微博的活跃度一直都很高。因此，微博无论是在产品形式还是在内容上都能为新鲜的营销玩法提供广泛的平台支持，企业和品牌可以借助微博去和消费者沟通，从而激发消费者的热情。

OPPO 就把新浪微博作为企业与消费者进行深度沟通的公共开放平台，并把微博作为营销的主战场，因为微博是明星、KOL、综艺的聚集地，也意味着可以在此与年轻人进行深度沟通。

2017 年 6 月，OPPO 发布主打拍照的手机 R11。它以@ OPPO 官微为主要推广阵地，以@ OPPO 拍照手机和@ 网绿小欧辅助推广，在微博上展开了一系列上市推广活动。

5 月 17 日，@ OPPO 透露 R11 手机即将发布，通过微博小尾巴可看到由

“前后2000万OPPO R11”发出，文案中带出推广主话题“前后2000万OPPO R11”。当天，@OPPO微博发起换头像赢R11手机抽奖活动，同时公布了R11手机明星家族的新成员@William威廉陈伟霆与@Dear－迪丽热巴。

5月19日，@OPPO发起“前后2000万OPPO R11”话题抽奖，并发布OPPO R11浪漫广告，该视频得到陈伟霆与迪丽热巴的热情转发。

5月24日，@OPPO确认将在浙江卫视打造“前后2000万OPPO R11”发布会，将有众明星参与R11手机现场发布会活动。5月25日公布R11手机发布会将于6月10日在深圳大运中心举行，浙江卫视将全程进行直播。

6月2日，@OPPO公布R11手机明星家族新成员周杰伦，引发了大量周杰伦的粉丝及相关团体的转发。6月8日，@OPPO联合京东、天猫、国美、苏宁易购、迪信通等知名官方微博发布以“2000万”为核心创意信息的跨界海报。随后几天，@OPPO发布以明星为主画面的倒计时动态漫画版海报。

6月10日发布会当天，OPPO与浙江卫视年中盛典共同直播了当晚“反正都精彩”浙江卫视OPPO年中盛典。6月11日，OPPO与微博合作，在微博搜索合作艺人的名字以及“OPPO R11”等词时，会出现全部相关的名称。

发布会之后，OPPO又与多位微博时尚博主及摄影师进行合作，发布R11手机摄影技巧，增加OPPO R11的曝光度。OPPO通过策划“谁是拍照KING”和“会拍照的男朋友”等话题活动继续保持产品热度，两大话题围绕拍照功能展开。多项微博互动活动一直持续到7月底。

有趣的内容及形式的多样性有利于增加内容的趣味性，可以满足不同喜好的受众群体。从OPPO R11的微博推广活动中可以看出，OPPO既有有趣的内容，又有多样化的玩法，所以能够直击年轻人的内心，取得了预期效果。OPPO使用了创意海报、H5、动态海报、短视频、直播等内容形式，同时文案、配图、视频、话题页等内容质量都比较高，很好地吸引了受众的眼球。它还通过与众多明星艺人、时尚博主和知名摄影师合作，充分借用了粉丝效应，带动了R11手机的持续曝光。

年轻人为何愿意参与微博活动？微博分享方便、不复杂是年轻人会参与转发和分享的一个重要原因。另外，年轻人十分重视成就感和存在感，如果自己分享的微博内容能获得朋友的认可，并且能吸引朋友一起加入的话，就会让他们得到成就感。微博简单易用，使用便捷，还有前所未有的互动体验，所以能够不断吸引年轻人用微博记录“我思、我见、我说”。

微博的玩法多样，企业可以造势、借势，借助明星影响力帮助企业与消费者实现深度互动。比如，“小茗同学去上学”就是一个极佳的造势案例，通过台网联动的玩法，对海量话题进行运作，产生的 UGC（互联网术语，全称为 User Generated Content，也就是用户生成内容）话题迅速在年轻群体中传播。借势明星的经典玩法也被很多品牌运用，“网红邮筒”就是借着与鹿晗合影的契机走红，女性卫生护理品牌高洁丝受人关注也是通过情人节傍上鹿晗这个热点来实现的。天猫借着阿法狗火拼李世石的热点，在微博上玩了一把愚人节热点营销，通过“黑科技”喵懂机器人引爆全网。近两年火爆的直播在微博里当然也少不了，安利就通过上百位网红在微博上举行过一次早餐直播助阵活动。

还有很多企业借助微博重塑品牌形象。过去年轻人对雕牌停留在老牌日化的印象里，但雕牌通过一系列举动，扭转了其在年轻人心中的形象。雕牌在微博上线原创 IP 雕兄，贱萌暖的雕兄形象刷新了年轻人对雕牌以往的认知。随后，微博海量媒介资源推送雕兄趣味内容，迎合了广大年轻人的口味，迅速在全网掀起了一股雕兄热，品牌也收获了良好的口碑。在这个推广过程中，雕牌创下了超 2.2 亿次的视频播放量和 5.5 亿次的阅读量，成功走出了品牌老化的困境，实现了品牌的年轻化重塑。

企业在进行微博推广时，需要注重风格，展现个性。在发布内容时，需要注意内容的原创性，这样更能吸引用户关注。除此之外，企业还要了解用户的偏好，做好用户群体的选择，输出用户喜欢的微博主题。

微博内容的发布时间也有技巧，最佳发布时间是 7：30—9：00、11：00—12：30、17：00—20：00 这三个时间段，因为这三个时间段是上下班的前后时间及休息时间，是大多数人浏览微博的时间点。

八、微信推广：让产品呈现在年轻用户生活的方方面面

数据显示，截至 2019 年第三季度，微信月活跃用户数达到 11.51 亿，成为用户量超级大的社交平台。微信官方公开的微信用户数据显示，60% 的微

信用户是15～29岁的年轻人，平均每个用户拥有128个微信好友。微信已经成为人们网络社交不可缺少的沟通工具，同时也是我们获取信息的重要平台，因此不少企业和品牌都将营销目光瞄准了微信。

作为头部社交平台，微信在用户规模及商业化能力方面都有着其他社交产品无可比拟的优势。经过9年多的发展，微信已不再是单纯的社交工具，而是渗透于生活、工作的方方面面。目前，微信的社交关系链庞大且稳固，用户也对其养成了一定的依赖性，这是众多企业和品牌发力微信推广的重要原因。

作为一个月活跃用户超过11亿的大平台，微信对于营销的最大价值就是可以让产品呈现在用户生活的方方面面，以朋友的关系维护用户，从而实现销售转化。企业和品牌在做微信推广前，需要根据用户调研、产品、竞品调研的情况，并结合自身微信的定位去进行，应该清楚是刚需产品推广、营销推广还是品牌推广或渠道推广。

喜茶就在微信上用极低的成本快速获得了600万用户。2018年6月，喜茶上线了小程序“喜茶GO”，它并没有大力推广这个小程序，仅在门店内张贴了二维码海报，但是在半年内就获得了600万用户，复购率提升了300%。喜茶自身就是网红品牌，通过完善的会员体系做好用户留存与复购，这才是喜茶微信小程序的成功秘诀。

微信推广的方法非常多，常见的有图文推送、图片广告、二维码推广等，企业和品牌通过不同形式宣传产品，并加强品牌与用户之间的互动。后面的章节会有更为详细的介绍。

九、朋友圈推广：如何实现强关系、高黏性、多交易

打开微信朋友圈，你会看到朋友的各种动态：有晒美食照片的，有晒出游照片的，有发布心灵鸡汤文章的，还有晒广告的。基于熟人关系的朋友圈，早已经不再那么“单纯”了，而是成为很多人的营销平台。朋友圈的确是个宣传推广的好平台，因为它可以潜移默化地影响你的朋友，甚至是朋友的朋友。那么，企业和品牌该如何利用朋友圈实现强关系、高黏性、多交易呢？

对于企业和品牌而言，微信朋友圈的价值十分巨大，不然奥迪、宝马、

大众、纽崔莱等品牌也不会选择在微信朋友圈投放广告。投放朋友圈广告，是朋友圈推广的一大方法。企业和品牌既可以投放图文广告、视频广告，还可以投放卡片广告，与消费者进行各种各样的互动，并可跳转到微信公众号、微信小程序及其他应用。这种朋友圈的硬广告适合树立品牌形象，当然也适合发送优惠券、预约活动，实现从线上到线下的引流与转化。

凯迪拉克投放的朋友圈图文广告，其文案内容为“与独具风范的你，在这里相遇”，文字精确而有分寸，大气而平易近人。从文案到设计，无一不流露出“风范”气息，用内容打动消费者。

朋友圈广告是一种信息流广告、效果广告，具备精准定向的功能，企业和品牌在投放的时候可以按地域、性别、年龄、手机相关（品牌型号、手机系统及联网环境）、婚恋、学历、兴趣标签、LBS（基于位置的服务）等属性来进行选择。基于大数据的分析，企业和品牌可以挖掘消费者的爱好、习惯和消费能力等，以此定位目标群体，将最合适的广告投放给最有需求的消费者。

正是因为朋友圈广告可以精准投放，所以经常会引发热议。收到广告的人高调“炫富”，没收到的人自嘲为“草根”，讨论非常热烈，这也是法拉利、宝马等汽车厂家投放朋友圈广告的重要原因。朋友圈广告精准营销，抓住了消费者的“身份认同感”，从而引发更多的共鸣以及讨论，由此带来的商业价值不言而喻，因而也吸引了越来越多的国际品牌纷纷试水朋友圈广告。

朋友圈有多种推广形式，可满足不同的推广需求。企业和品牌可以推广品牌信息、活动信息、公众号，也可以推广App应用，还可以发放卡券和优惠券，也非常适合本地的门店服务（如餐饮、培训等）。

朋友圈广告的购买方式分为竞价购买和排期购买两种，前者适合预算比较充足的广告主。

朋友圈广告还可以实现互动，比如可以在卡片式广告中引入游戏元素，人们选择不同的卡片，就可以解锁不同的剧情，这样用户就可以从被动看广告变为主动参与广告，从而更可能为商品埋单。当然，卡片式广告也可以实现社交裂变，更好地提升品牌曝光度。比如，腾讯NBA就选择了在朋友圈投放卡片式广告：你是支持火箭队还是支持雷霆队？投票的同时，球迷们大多会将此分享给朋友，甚至还会引发朋友圈的投票“大战”，经过几轮传播之后，广告的曝光效果非常好。如图 7－2 所示。

图 7－2　腾讯 NBA 投放的朋友圈卡片式广告

朋友圈是我们最常用的宣传阵地，也是我们塑造个人品牌或树立门店形象的主战场。对于个人来说，朋友圈的价值也非常巨大，可以进行品牌宣传、产品展示、实景案例分享、塑造个人形象等。所以我们要高效地利用朋友圈，赢得目标客户的信任和喜爱，进而提高转化率，将微信用户变成自己的客户！因此，经营个人朋友圈的时候，树立良好形象、建立信任是非常关键的。

通过朋友圈带动销售是众多人的愿望，可是很多人却会陷入误区，一天发布几十条广告信息，这样的结果就是被众多好友封杀，被好友屏蔽。内容营销是微信朋友圈最重要的一环，直接决定了朋友（客户）对你的评价，所以切忌频繁刷屏以及发布一些没有任何意义的活动信息和广告类资讯。另外，在朋友圈发布的内容、推送的时间段、发布的频次以及发布形式也都需要精心的设计与策划。比如，对于大多数人来说，7：00—9：00、11：30—13：00、18：00—20：00 和 21：00—23：00 这四个时间段是比较适合发朋友圈的，当然，这也需要你根据自己朋友圈的属性来进行调整。

下面通过一个案例来看看高手是如何做朋友圈营销的。

小许是一名房产销售人员，他并没有天天在朋友圈里给自己代理的楼盘打广告，而是经常分享自己的工作体验。比如，发布一些工作时候的照片，分享今天遇到什么特殊客户、有什么故事、最近买房客户的心理状态等图文信息。有时还会分享买新房要注意的事项、禁忌等，楼盘的促销广告只是偶尔才发布几条。只有这样做，才不会招致大家的反感，反而刷出了存在感，让朋友都知道小李是卖房子的，如果有朋友需要买房，大多会找他咨询。

朋友圈的营销推广，并不是一味地刷屏发广告，而是要展示真实的自我，顺便告诉朋友我在干什么，并向他们分享一些专业信息，这样才能利用朋友圈的强关系及信任感，实现销售或者转化。

十、微信公众号推广：不靠贩卖焦虑，而要真的走心

“你没做的题，会有人替你做；你没读完的书，会有人替你读；你考不上的研究生，也自然有人替你上了。”看到这种焦虑，估计所有的年轻人都会有同感。再来看看某培训机构贩卖焦虑的宣传语：“你来，我们培养你的孩子；你不来，我们培养你孩子的竞争对手。”

在快节奏的生活中，人人都承载着巨大的压力，焦虑充斥着我们的生活，很多品牌机构靠贩卖焦虑来博取共鸣。但是对于年轻人来说，只有走心的推广内容才能引起他们的共鸣。

拥有微信公众号就相当于拥有了一个能够直接传播信息给用户且不受外界干扰、成本较低廉的媒体平台。微信公众号推广让品牌与用户之间的沟通更加便捷，让企业能够及时做好用户关系维护和获知用户反馈信息。

微信公众号在营销中具有自己独特的优势，能够帮助品牌建立信任感。用户经过层层筛选后决定关注某一微信公众号时，就说明对该公众号有着认同感和信任感。因此，对该公众号发布的消息，用户也会不由自主地产生认同感。微信公众号具有消息推送功能，企业只需将产品广告投放到用户页面中，用户可自主选择是否点击或购买，这样就不会对用户产生直接的信息干扰，更容易被用户接受。此外，企业借助微信的分享功能还可以将公众号信

息分散传播到不同的受众群体中，从而提升信息的传播效率。微信公众号还支持营销活动的推广，如支持在微信公众号内领取优惠券、支持团购模式和砍价模式等，可极大地提升营销效果。

以微信公众号为基础的营销主要有两种模式。

第一，以图文推送为主的信息营销模式。将编辑好的推广信息发布在微信公众号上，利用图片和标题文字来吸引用户点击。以内容为主的信息营销需要提供“走心”的内容。优质内容需要从用户的需求点出发，结合企业微信公众号定位来进行编写。同时，公众号内容还要注意原创性，非原创的文章用户可能早已经看过，也就没有新意了。

《疯狂动物城》首映日，优步（UBER）公众号推送了一篇《别逗了！长颈鹿也能开 UBER？还送电影票?!》的文章。在微信公众号等的推荐下，原本对该电影不关注的人在朋友圈里发起了约看邀请。次日，迪士尼公司顺势推出《疯狂动物城》性格大测试的 H5，其测试结果在朋友圈刷屏。借助这一波微信营销，该影片的排名、票房均迅速上升，话题热度也一直居高不下。

支付宝的微信公众号内容也曾惊艳了不少人。“山无棱，天地合，都不许取关！”这是关注支付宝微信公众号后弹出的自动回复。和很多企业发布正式信息的画风不同，支付宝的微信公众号很少发布死板的品牌公告，也很少给自家产品做硬广，而是把原本无趣生硬的品牌内容用年轻人喜欢的语言包装起来。比如有一篇标题为《先别着急睡》的公众号文章，打开后内容就只有一句话：“把明天的闹钟开开。”但就这一句话却获得点赞无数。在这个微信公众号背后，是支付宝在社交媒体领域与年轻人沟通的一种大胆尝试。凭借个人化的随性风格，支付宝的微信公众号已经成为网红。

第二，公众号的界面营销模式。微信公众号支持自定义模板，企业可为公众号设置“领取优惠券”或“点击送礼”等菜单或者功能按键，触发用户的购买行为。微信公众号还可设置自动回复、自定义菜单、页面模板以及功能插件，可以让用户获得好的阅读体验及好感度，当用户看到公众号推送的内容之后，可进行下一步操作。

微信公众号要吸引用户关注，除了需要走心的优质内容之外，还需要有趣的活动及互动。比如，微信公众号可发起留言回复有礼活动，根据当下热点、近期活动、节日庆典等准备一个话题，让用户在活动时间内到图文的留言区进行回复，进而随机筛选或者按照点赞数等规则选取中奖用户。

红包抽奖也是回馈用户的常见手段，当然也是聚集人气的有效方式。微信公众号中可设置红包抽奖活动，用户关注抽奖或者线下扫码抽奖，就有机会获得现金红包或者实物礼品。

活动形式还远不止如此，还可以在微信公众号中发起游戏互动、投票评比、有奖征文等活动。最常见的就是集赞免单，其传播效果及转化效果都非常不错。只要擅于动脑筋，企业和品牌就会发现，可以和用户玩起来的活动方式及互动活动还有很多。

十一、H5推广：只有戳中年轻人心思，才能引发病毒式传播

在消费者注意力极度稀缺的商业环境下，吸引用户眼球成为众多品牌商最为关注的环节。在热点事件发生后及重要节日前，朋友圈里总会冒出许许多多有创意的H5。这些集图文、视频、音频、交互为一体的H5，通过沉浸式体验将品牌信息无缝嵌入，在戳中年轻人心思的同时，还可引发病毒式传播，并成为众多品牌商喜欢的推广方式。

但事实上，并不是每一个H5都能引爆朋友圈，吸引海量用户的关注，大部分的H5只辗转在部分人的手机里，然后很快就销声匿迹了。你也许会认为，只要H5的创意够新颖够独特，就一定能引发病毒式传播，其实，这是一种片面的认识。好的H5，创意当然不可缺少，但是只有创意是没有用的，品牌商还需要在主题、互动等方面下功夫。

H5的主题至关重要，脱离主题的H5是没有意义的，就好像你想卖出去一瓶水，结果宣传的却是一瓶果汁。品牌商要清楚制作H5的目的是什么，是为了公司招聘，还是为了宣传公司的产品，抑或是召集参会人员？所以在推广前一定要确定好主题。

创意必须有，这个前面已经说过。在做个产品说明书都得花心思的时代，没有创意就想做好营销推广是行不通的。同样做H5，图片不如视频的效果好，视频又不如互动和增加有趣语言的效果好，如果有热门明星参加，则效果会更好。

互动尤为重要。如果 H5 缺乏互动，似乎就没有了传播的必要性。好的 H5，一定是需要用户自己去探索发掘内容，而不是品牌商一股脑地把信息全部灌输给用户。品牌商一定要想办法激发用户参与互动，这样才有传播的效果。

H5 可以通过丰富的控件、灵活的动画特效和强大的交互应用来实现品牌的展示推广及销售。星巴克曾经通过 H5 技术举行了一次春季樱花季活动，其采用漫飞的樱花特效和 3D 场景转换，描绘了 4 个樱花场景，并配合轻松的文字说明，展示“星巴克”的品牌。同时，用户还通过场景交互，引出抽奖活动和奖品，让用户在欣赏美丽场景的同时参与活动。这不仅将广告完美地融入场景，同时也大大提升了用户的体验感，让星巴克的品牌形象深入人心。

此外，品牌商针对当下热点进行 H5 推广是一个不错的办法。紧跟热点，绝对能省下很多前期宣传的精力，还能得到不错的传播效果。所以在制作 H5 场景时，品牌商应该首先考虑有没有能够选择的热点或者节日，从而为 H5 的传播提供更好的机会。

说了这么多，如何让用户愿意打开你的 H5，并向朋友主动分享？

首先，要让 H5 容易晒、愿意晒、愿意分享。通过洞察你的目标群体并结合营销目的，试着给用户创建一个方便他们进行自我展示的场景，例如举办一个“反手摸肚脐”的活动，瘦的人自然会积极参与。

其次，在越来越注重互动性和信任度的环境中，要想把 H5 内容不断分享出去，需要利用好熟人关系。每个人都在乎别人对自己的看法，多数人又天生喜好比较，所以很多 H5 会在尾页告诉你，你的成绩已超过全国 99% 的人。年轻用户还有乐于助人的特性，如果你能提供一条有价值的优惠信息或者技巧干货，他们一定愿意主动分享。

最后，在内容方面要具备情感属性，具备谈资。一般积极的、激动的情感都能激发用户更深层的共鸣。无论在开放的微博平台，还是在封闭的微信社交圈子内，所有人都希望寻找能参与互动的话题。如果 H5 的内容能成为大家的共同谈资，用户的传播动力将极大增加。如果想让 H5 具备病毒式的传播效果，那请为你的 H5 设计能打动用户的文案内容，只有击中用户的痛点，才能让用户主动分享。

无论是从技术改进还是从场景创新等方面都可以进一步提升 H5 的传播效果，但再酷炫再有“逼格”的 H5，如果无法在内容上戳中年轻用户的需求点，用户浏览后没有找到转发的理由，那么这个 H5 就注定是失败的。

十二、QQ 群推广：如何将 QQ 群打造成你的流量池

对于想通过互联网做生意的企业来说，流量是一切生意的基础，是最重要的因素。有了流量才会有用户，才会有消费者、合作者和追随者。得流量（粉丝）者得天下，流量（粉丝）决定着企业的发展方向，小米、逻辑思维、锤子科技等企业都是围绕流量（粉丝）来开展一系列营销活动的。

为什么要建立流量池？其目的是通过具有超强吸引力的入口，让尽可能多的目标用户“自投罗网”，为未来的成交打下坚实的基础。通过移动技术、大数据技术，企业可以精准地识别用户，也可以非常容易地把品牌广告推送到目标用户的手机上。在数字化时代，拥有流量就意味着可以触达目标用户。但是，互联网广告的流量非常昂贵，所以，越来越多的企业和品牌开始自建流量池，而 QQ 群绝对是一条捷径。

拥有自己流量池的好处显而易见，不但可以轻易反复触达目标用户，而且可以做到更精准投放，让用户主动找上门来与你进行交易。当然，这也有助于提高品牌的创意洞察能力，有利于企业尝试不同的营销策略。

如何建立自己的 QQ 群？首先，进入目标 QQ 群。比如，为了推广母婴用品，要先加入宝妈群，可以直接搜索群关键词“宝妈”“母婴”等。加群时使用的话术也有一定技巧，比如申请加入宝妈群可以用“我是 × × 妈妈”“孩子该断奶了，求经验”等，只要站在普通宝妈提问题的角度，入群申请的通过率会非常高。

当然，加群前要先设置好自己的 QQ 资料，包括年龄、性别等，爱好也一定要与宝妈身份相匹配。QQ 空间的主题、相册、说说等也一定要与宝妈风格相符。加群不要太频繁，以一个 QQ 账号一天加 10 个左右为宜，当然分开时段申请更好。

入群后需要多与大家沟通交流，同时观察群成员的质量，待时机成熟后便可以拉人进讨论组，继续引导话题讨论，如果没人在 QQ 群里聊天，则可

以发口令红包进行引导，口令要能够引起共鸣和回话，比如“今天孩子对你微笑了吗”。之后就可以拉人建立自己的 QQ 群了，一开始不必盲目追求人数，一定要维护好首批群成员的活跃度，待大家产生信任感后，再让群友拉人，拉 10 个人入群可以获得小奖品、小礼物，顺便让群成员体验一下下单的流程。

需要注意的是，自己建立的 QQ 群名称必须和自己所在的行业或者营销的产品相关。比如，你是做建筑行业的，群名称应包括建筑行业关键词。另外，群简介和群标签也起着重要的作用，不能忽视。

QQ 群建立完成后，就要想办法推广 QQ 群，推广的方法很多，比如可以让群成员邀请自己的 QQ 好友入群，也可以利用 QQ 空间、微博、贴吧等各平台来推广自己的 QQ 群。拉人入群重要的是找准对象，拉与产品适用对象相关的人，而不是随意拉人。这样才能提高客户的精准性，方便日后的群运营和产品营销推广。

QQ 群推广重在维护和裂变，当 QQ 群内有一定的精准用户后，就要进行交流和沟通，慢慢培养彼此间的信任感。比如可以发布热点新闻、搞笑视频，以提高群内活跃度，也可以解决一些与产品相关的问题等。

为了避免 QQ 群内冷场，可以让自己的 QQ 营销小号也加入同一个 QQ 群，采用一问一答的方式，提高群的活跃度，引导更多人参与讨论。

当 QQ 群运营一段时间，群内人员较为熟悉了以后，就可以开始尝试推销自己的产品或者服务了，但推销产品并不代表可以无休止地发布广告，最好的方法是举办 QQ 群活动，通过有奖活动来推广产品。比如，设置一些与产品相关的小问题让群成员回答，答对 3 题可以领取奖品 1 份，全部答对可以领取大红包 1 个。

QQ 群邮件也可以用来进行相关推广。虽然 QQ 群邮件的效果可能不如 QQ 群明显，但如果设置好吸引人的标题与内容，同样可以得到很高的打开率。

十三、QQ 空间推广：不可忽视的年轻人潮流空间聚集地

QQ 的功能一年年更新，核心用户一次次迭代，但 QQ 似乎永远年轻，也

备受年轻人欢迎。腾讯官方数据显示，截至2019年3月31日，QQ的月活跃用户达到8.23亿，QQ空间的智能终端月活跃用户为5.719亿，QQ空间成为年轻人潮流聚集地。2019年初，QQ推出了小程序及扩列等功能，QQ看点的日活跃用户已经突破1亿大关，其中95后占比高达70%。

QQ指数数据显示，在QQ空间里13～25岁人群是对时尚、潮流讨论最多的群体。QQ空间契合了年轻用户对时尚潮文化的追求。95后、00后的审美水平和消费能力正在逐年提升，他们的生活和成长环境更优越，对互联网更敏锐，消费理念也很独到，已经明显成为年轻化品牌消费升级的生力军。

在QQ空间，你可以用各种形式给身边朋友分享你的所见所闻所想，可以是文字，也可以是图片，更可以是动态的视频，总之你想怎么分享，QQ空间都可以做到。众多用户聚集在QQ空间，营销价值自然非常大。那么，企业和品牌如何做好QQ空间推广？

先来看看QQ空间的构成，它主要有空间日志、空间相册以及“说说”三大框架功能。空间日志适合做内容营销，企业可以上传文字、图片、视频以及flash，当信息发布之后，在好友面板或空间内会提示好友你更新了信息，标题和内容好的话自然会吸引人阅读，QQ好友还会主动帮你点赞、评论和转发。这样一来，营销软文就可以快速地传递出去。对于企业而言，通过空间发布优质的文章同样可以影响用户，比如可以将公司企业文化、产品优势、客户案例等整理成文章，发布到空间日志，这能增强客户的信任感。

空间相册不仅可以上传图片也可以上传视频。相册要进行分类，按照类别上传带有推广性质的图片（图片可打上水印、加上文字等信息）或视频。比如，可以将展现企业实力的各种图片、展现团队文化的各种照片等上传到相册中，以此来影响用户。

“说说”的功能连接着QQ个性签名，可以直接同步，也就是说，发“说说”会自动同步到签名，发个性签名也会自动同步到“说说”。所以利用“说说”发推广信息，非常便捷，签名及“说说”的更新同样会提醒QQ好友。“说说”的内容可以附带图片和视频，功能很丰富。

QQ空间营销成功的决定性因素取决于QQ好友的数量和质量，因此要做好QQ空间营销，QQ好友数量必不可少，QQ好友的质量也很重要。

QQ定位为年轻化的娱乐社交，深受新时代年轻人的喜欢。QQ空间内容丰富，用户体验非常好，吸引了很多企业开展QQ空间营销。小米红米手机就选择在QQ空间首发，取得了非常好的效果。小米与QQ空间的合作并不是简单地做预售公告，而是加入了激发族群社交的引爆因子。红米Note手机的首发设定了3个环节，即“预热（猜价格）—预约（签到、集赞）—抢购”，三者环环相扣。仅以集赞为例，用户在QQ空间发布一条说说，向好友集齐32个赞，便可抽取3次预约机会。这种熟人圈子营销方式非常接地气，传播效应惊人，最终有超过1亿用户参与了点赞，创造了90秒卖出10万台红米Note手机的销售神话。

自小米将QQ空间作为发售平台来预售新机后，HTC、酷派等手机厂商也纷纷效仿。比如，HTC Desire 820s手机在QQ空间进行预约售机活动，持续6天预约人数近130万，5万台HTC Desire 820s仅用了17分钟售罄。QQ空间成为社会化营销的新阵地，也是一个极为出色的销售平台。

图7-3　QQ空间潮社区

QQ空间也在不断变革，推出更多更新的功能，以满足年轻人的需求。比如，推出“空间潮”社区（如图7-3所示），与诸多时尚潮流品牌展开跨界合作，展现了QQ空间打造年轻人潮流空间聚集地的野心。QQ空间潮物商城上线时，推出一场“潮物震撼上线”的活动，将众多爆款单品聚集在一起，活动一推出就受到超过百万潮人的关注和预约。不少限量爆款仅用4秒时间便售罄，足见QQ空间对于年轻人的吸引力。QQ空间潮社区之所以能如此火爆，能够赢得年轻用户的青睐，与其用户核心、社交互动、营销闭环等有关。

华裔著名设计师胡媛媛（Vivienne Hu）旗下潮流品牌VHNY，与QQ空间跨界推出的全球首款数码潮鞋，一经亮相纽约时装周，就受到了欧美潮流界的关注和认可。越来越多的潮流品牌与QQ空间合作探索更多富有科技感、新鲜感的品牌跨界，让品牌与年轻人的消费兴趣点更好地融合。

十四、论坛推广：选定年轻人出没的论坛，用内容达成话题共鸣

论坛在互联网诞生之初就存在，作为一种交流互动网络平台，历经多年的洗礼，其不仅没有消失，反而越来越焕发出巨大的活力。企业可以选定年轻人出没的论坛，用内容达成话题共鸣。

天涯、贴吧、虎扑等论坛拥有超高的人气流量和活跃度，并且支持图文、视频等多种形式的内容发帖，企业可以结合创意、推广的需要和用户需求来进行选择，以达到更加有效的宣传目的。利用论坛强大的用户群、活跃的交流与互动氛围，企业和品牌可以在论坛发帖，借助话题吸引用户参与讨论，从而达到推广目的。在这些热门的论坛平台中，企业和品牌如果能够策划出具有轰动效应的话题事件或者活动，就能够迅速走红，实现流量与销量双丰收。

知名论坛拥有大量的用户，在话题分类上，也是百家争鸣，聚集了各个领域的专业人士和兴趣爱好者。在这样的环境中，帖子发布后可以被更多人看到，传播范围更广。论坛上的用户圈层非常明显，对于某个领域、话题、帖子的关注可以体现出用户的喜好和心理特点，企业和品牌可以根据这些用户画像开展针对性营销，以有效提升客户转化率。

论坛推广的形式，除了发帖推广、回帖推广外，还可以进行签名推广、头像推广。很多论坛管理比较严格，在帖子中植入广告往往会被删，但很多论坛都有签名功能，企业可以在签名中设置好广告，比如带有企业微信号的头像图片和具有推广性质的文字。

安琪酵母曾经在论坛上做了一次成功的品牌营销，传播了酵母粉食用新理念。众所周知，酵母粉主要用于制作面点，但是很少有人知道酵母粉还可以直接食用，安琪酵母就生产了一款可以直接食用的酵母粉。为了能在这一相对冷门的领域吸引用户的关注，安琪酵母策划了一篇吸引眼球的标题为《一个馒头引发的婆媳大战》的论坛帖子，帖子的内容以第一人称进行叙述，

讲述一个南方媳妇和她的北方婆婆因为馒头而产生的矛盾，在这个故事里，酵母粉不仅是制作馒头必不可少的辅料，更是非常重要的减肥食品。这无疑让很多读者感到惊讶，所以围绕这一帖子中酵母粉的用处，很多人发表了看法，该帖子得到了大量的转发。

为什么选择这一话题？因为在国内，很多家庭都存在婆媳矛盾，非常具有看点，很多人都非常喜欢围观这种家庭伦理戏，所以光是这个标题就足够吸引人了。随后，这篇帖子又被发布在新浪女性频道中较为热门的减肥板块，很快吸引了女性用户的围观。接着，新华网、新浪网等一些权威媒体也相继发布这一文章，进一步提升了话题热度，最终企业达到了推广目的。

企业如何才能做好论坛推广？

首先，要紧跟论坛潮流和热点风向，了解目标群体的特点、爱好和需求，投其所好，创造热点。帖子的内容可以选取新奇的、有价值的，或是能够引发争议、思考和激烈情绪的，以推动讨论度的提升和热帖的生成。比如，可以找一些娱乐话题来吸引用户的眼球，也可以发布一系列有争议的话题，吸引用户参与讨论。发布能够产生共鸣的话题也是一个好办法，能让用户从内心深处产生共鸣的内容，肯定也会受到用户的喜爱。故事类的帖子、搞笑段子、提问类型的帖子、帮助吧友的帖子等都容易引发用户关注。

其次，要精心策划主题事件或者内容，利用大众心理和情感来策划事件或者内容，突出真实性、奇特性、冲突点或者悬念，会有更好的效果。

最后，要鼓励用户参与互动，提升话题热度。企业注册小号也是必需的，当话题热度不够或者讨论人数较少的时候，企业可以用小号来自制话题点，不断地顶帖回帖，以吸引更多人的关注。

十五、B 站推广：最懂年轻人的 B 站，如何重新定义年轻化营销

如何重新定义年轻化营销？在 B 站（哔哩哔哩）的眼中，年轻化营销首先要去了解年轻人、懂年轻人。要想了解年轻人的喜好，就要能放下身段，与年轻人平等沟通，融入年轻人的语言体系。只有尊重和拥抱年轻人的文化，才能与年轻人玩在一起。

说到对年轻人的了解，B 站一定是最有发言权的。据 B 站最新的官方数据，B 站月活跃用户量为 1.3 亿，月均活跃 UP 主（上传视频的人）数量有 110 万。其中，18～35 岁用户占比为 78%，用户在 B 站的兴趣标签数量有 200 多万个，核心兴趣圈层有 7000 多个，几乎涵盖了年轻人所有感兴趣的内容。

Z 世代年轻人群非常独特，不会被品牌、价格、产地等因素所左右，他们对品牌更加包容，更愿意尝试各种品牌包括新品牌。此外，他们也更理性，传统的明星代言和专家权威背书等对他们的影响在逐年减弱，他们会主动筛选自己感兴趣的内容，去了解品牌和产品，从而主动做出判断。Z 世代年轻人如果认同品牌的价值观，就会选择无条件信任，所以，品牌方走近 Z 世代最好的方法就是触发其共鸣，用优质的内容来吸引他们。

网易就做过一次成功的 B 站营销。2018 年，“实验性”纪录片《历史那些事》在 B 站热播，短片通过发掘历代史料中有趣的故事，呈现真实鲜活的历史，这也为品牌提供了内容切入和与用户零距离接触的机会。网易《逆水寒》手机游戏便借由每一集主角演绎创意彩蛋，巧妙植入《历史那些事》的剧情，《逆水寒》游戏的精美画质与古风色彩，深受年轻用户喜欢。

作为中国最大的年轻人文化社区，B 站每天都有大量用户在站内观看、分享、评论甚至创作自己感兴趣的视频。如何更好地通过内容连接用户，让用户之间分享，打造用户自发形成的社交生态，是年轻化运营的关键。

对于各式各样的优质内容，B 站会基于用户喜好，在内容上找到用户的共鸣点，满足圈层用户的文化需求。B 站广告营销部总经理表示，品牌需要打造圈层文化，把有共同爱好的小伙伴聚合起来，通过一些圈层化的信息传递或体验互动，进行精准化营销，从而触达有价值的年轻目标用户。

钉钉在 B 站上本来只有几千个粉丝，最近却突然涨到了 100 多万，累计播放量也超过了 4000 万，钉钉是怎么做到的？2020 年新冠肺炎疫情期间，全国大多学生都用钉钉上网课，很多 00 后不愿意接受这种方式，就给钉钉打了最差的一星评价，都快把钉钉从 App 排行榜上拉下来了。钉钉就去和 00 后“沟通”，并在 B 站官方号上发布了一条名为《钉钉本钉，在线求饶》的视频，一下子就火了起来。而在这背后，则是钉钉放下身段，主动与年轻用户沟通的结果。如图 7－4 所示。

图 7－4　钉钉在 B 站发布的求饶视频

对于年轻化营销来说，发布内容一定要有价值，要保证内容有趣又有料。比如，手机游戏《双生视界》，通过互动式游戏视频，让年轻用户深度参与；OPPO 则把快充知识做成优质科普视频，以吸引年轻用户群。

目前 B 站的营销内容主要包括商业产品、内容体验、互动共创。UP 主是最优质的沟通媒介，品牌可以整合不同量级的 UP 主，通过举办活动帮助品牌达到不同的传播目的。50 万粉丝的头部 UP 主可以起到霸屏效果，覆盖更多受众，肩腰部 UP 主可以渗透不同的圈层，尾部 UP 主则可以做外围扩散。

此前，B 站联合众多头部 UP 主，与肯德基推出“恋爱乌龙番人气票选”、与星巴克星爆糖上线“逗笑多汁龙”、与清扬开办“放肆大学”……产出动画、宅舞、音乐、美食等多领域的创意 PUGV（高质量视频），受到了年轻用户的喜欢。

如果视频播出后效果很好，想进一步扩大曝光度，这时候企业可以使用 B 站的商业起飞功能（带推广标的 DOU＋功能），这是内容推广的利器，可以充值流量提升曝光度。这一功能可选择人群定向投放、视频分区定向投放以及 UP 主粉丝投放，以实现更好的曝光效果。

目前 OGV（Occupationally Generated Video，意思是专业机构生产内容）

内容很热门，B 站当然不会放过。B 站还自制真人秀节目《故事王》，并与制作公司深度合作。在以 OGV 推动营销方面，B 站也取得了不俗成绩。借势人气番剧《Citrus》中“女生更懂女生”的剧情走向，B 站与高洁丝联合原版动画团队定制高洁丝番外篇。深受泛二次元用户潜在女性粉丝的喜爱，并由此衍生出“橘里橘气”的热梗，回报颇丰，成为以 OGV 推动营销的范本。

B 站 Z 世代真人秀节目《故事王 2》洞见了年轻人的喜好。在这档 OGV 节目中，出现了卡牌广告、漫画广告、故事背景广告等多种破次元的新兴植入形式，成为年轻化营销的一次新探索。

十六、直播平台推广：抢夺年轻人注意力，更多关注，更高转化

这是一个视频时代，随着智能终端的进步、上网流量费用的大幅下调以及网速的提升，随时随地看直播已经成为可能。而且，直播绝对是年轻人的最爱，可以给品牌带来更高的关注度与销售转化量。

当前，几乎所有的视频社交分享平台都有直播功能，无论是爱奇艺、优酷等传统视频软件，还是美拍、秒拍等视频 App，或是斗鱼、熊猫、映客、花椒等直播平台，直播已经成了年轻用户寻找有趣内容、找偶像的娱乐平台，所以企业利用直播平台来进行品牌营销非常有前景。

在一场马拉松活动中，作为赞助商的安踏就用直播发布了新款智能跑鞋。安踏挑选了美拍、映客、一直播 3 个平台，希望能够借着活动吸引跑步爱好者的目光。

过亿元的销售额，4000 多万人观看，锤子科技创始人罗永浩在 2020 年 4 月 1 日晚的直播带货中收获颇丰，如此可观的成交额让我们看到了直播带货的价值与魅力。直播带货可以说是直播推广最有效的方式，也是各大企业和品牌商热衷的方式，毕竟一场直播下来，成千上万的销售量就摆在那里。

2020 年新冠肺炎疫情期间，直播带货势如破竹，越来越多的线下餐饮店、商超、品牌商开启“云逛街”模式，直播一度成为很多滞销商品的救命良药。直播卖房、VR 售车等一系列“神操作”刷新了人们对直播的认知和想象。直播，俨然已经成为 2020 年电商标配和最强带货“神器”。

直播带货为什么能这么火？除了主播个人效应和品牌折扣诱惑催化外，线上替代线下带来的即时性、互动性以及社交化的消费场景，缩短了商品抵达用户的心理距离，给用户带来了新鲜、快捷的消费体验，这在一定程度上提高了销售转化率，而直播带货本质上就是一种注意力经济的延伸。

直播作为全新的互动传播方式，在带来了互联网全新盛会的同时，也开启了企业新兴传播媒介——直播营销。全新的视频展示方式，不仅解决了传统营销展示单薄的问题，还为企业带来更高的关注度和转化率。

知名化妆品牌巴黎欧莱雅借助第 69 届戛纳电影节搞了一场声势浩大的直播活动。品牌商邀请巩俐、李冰冰、李宇春和井柏然在去戛纳的过程中，从接机到入住酒店等全方位地进行现场直播。这次直播看上去没什么话术，也没有专业灯光，只是在手机上安装美拍直播戛纳电影节，时不时地夸夸巴黎欧莱雅产品有多好。看似没什么吸引力，但直播当天巴黎欧莱雅天猫官方旗舰店里李宇春同款唇膏 4 小时就售罄，这个回报不算小吧。

直播具有实时的互动功能，与传统营销过程（企业发布信息—客户搜索、被动接收）完全不一样。在直播过程中，企业可以根据客户的反应，即时调整直播的内容，使营销效果达到最大化。

直播营销是边播边卖，配合着各式各样的营销活动来引导客户购买商品，直接将流量转换成销量，做到即时销售。这样的成交模式，相信没有一个品牌会拒绝。直播还可以做到精准投放，因为互联网的准则是“想看就看”，直播既可以在特定时间进行内容直播，也可以事后回放，客户可随时观看，观看回放的客户一般都是高价值客户，可以让营销传播发挥最大价值。

直播还具有浸入感和互动性，直播时主播可以与观众相互交流，产生情感共鸣，这容易让观众对企业和品牌产生信任感和认同感。

正是因为上述诸多优点，直播为企业开启了全新的发展之路。直播的核心价值在于它聚集注意力的能力，未来直播营销将成为品牌营销的标配。

品牌在尝试直播推广前，需要先考虑以下三个方面：第一，谨慎挑选直播平台，每个直播平台都有自己的特性与受众群体。第二，明确直播的目的到底是为了卖货，还是为了增加品牌曝光度，或者是想搞个大新闻。第三，直播真的适合你的品牌吗？因为并不是每个品牌或产品都适合用直播的形式。

十七、表情包推广：当今最 skr 的走红方式

综艺节目《中国新说唱》自宣传以来就备受年轻网友关注，而在《中国新说唱》的发布会上，不仅吴亦凡一直在说“skr”这个词，其他几位明星制作人也都在现场不断说新词“skr”，频率高到连主持人都加入了“skr”的“魔咒”。发布会活动结束后不到3小时，一众以“skr”为主题的魔性表情包便疯传全网。

无独有偶，2018年11月3日，英雄联盟S8全球总决赛上，来自中国赛区LPL的队伍IG横扫对手，成功夺冠，一时间在朋友圈激起千层浪。从IG夺冠开始，王思聪连续几天霸占热搜榜。其实，真正让王思聪连续刷屏的并不是他赛事上的成就，而是其层出不穷的表情包，尤其是王思聪一张在现场吃热狗的照片，更是引起了网友传播的热潮。随后，王思聪在博文中警告不要再发他吃热狗的照片，这种回应更是触动了网友强烈的互动心理，引发了全民创作热情，除了绘画作品之外，情侣头像、手机壳、摆件、美甲、小游戏等衍生产品接连出现。与之相关的话题也分分钟霸屏微博热搜榜，阅读量均很高。

新世相曾在2016年做过一个24小时内不使用表情包的实验，结果超过30%的测试者都失败了，而成功坚持了24小时的人也变得备受煎熬、浑身难受。由此可见，表情包对于年轻人来说，已经成为跟文字、图片、语音、视频同一个级别的传递信息的有力武器。

腾讯QQ发布的《2016年QQ年度表情大数据》显示，“呲牙”表情连续五年排名第一，发送量达303亿次，“微笑”“偷笑”表情位列第二、第三名，分别被使用了150亿次和130亿次以上，而“发呆”“流泪”等表情，使用总数也都超过了100亿次。表情包作为年轻用户每天频繁使用的社交符号，是品牌营销一个不可或缺的拓展阵地，也是一个高活跃度和互动性的巨大媒介载体。

一个表情包能不能获得广泛的传播和应用，创意和趣味性占据了很大部分原因。不管你做的表情包是美是丑、是高雅还是低俗，只要有趣就行。图片要有趣，声音要有趣，文字也要有趣，这样才容易被人保存及转发。

电视剧《三生三世十里桃花》上映时，宣发团队就做了多款与内容相关的表情包，取得了非常好的传播效果。

企业和品牌要把自己的产品和服务融入表情包中。表情包的对象可以是自己产品的变相，例如你是卖巧克力的，那么表情包就可以做成巧克力的样子或者变形体。对于企业来说，表情包是用来营销的，那么营销的元素自然不能少。

企业和品牌在制作表情包时，还要考虑表情包的使用场景。是吃饭场景，看电视场景，还是睡觉前的场景？要让大家在这些场景中能用上你的表情包，这样的表情包将会越来越受到人们的欢迎。事实证明，基于场景化的表情包对于企业和品牌的营销来讲，效果是非常明显的。

目前，已经有不少企业和品牌从自身所处行业和特点出发，着手制作表情包，希望借助表情包传递企业理念及产品信息。星巴克就在 App 商店中推出了 Starbucks Keyboard，这是一款表情包键盘，下载、安装和设置后就可以成为手机上的输入法之一，表情包里有星巴克的店面、LOGO、饮料杯、工作人员等内容。

百事也在前几年售卖印有表情包的罐装及瓶装可乐，70 个不重样的表情符号，出现在全球 100 个市场中，涉及普通型可乐、Pepsi MAX 和 Diet 多个种类。融合当地特色文化，搭配特定场景，百事鼓励消费者以表情包瓶身来表达情绪。百事全球性的表情包营销，不仅跨越了语言种族的障碍，还将用户紧密联系在一起。凭借积极的社交分享，百事通过表情包营销，重新抢占了市场份额。

十八、网站平台建设：拥有自己的品牌与业务传播平台

在互联网时代，建设企业自己的网站，可以树立企业形象，同时客户可以通过网络了解企业的方方面面。利用网站，企业可以向客户展示产品、技术、经营理念、企业文化、企业形象、公司新闻等，可以利用图文声像宣传企业，提升宣传效果。从一定意义上说，网站平台建设，是企业传播与营销的先行动作，建设自己的网站不是可有可无的，而是必需的。

企业通过网站留言、表格调查等方式，有利于了解客户的需求，倾听客户的意见，加强企业与客户间的联系，建立良好的客户关系。同时也能提高企业自身服务水平，实现售前、售中、售后的全过程和全方位的服务。

那么，企业要建立什么样的网站平台呢？是品牌展示型的网站，还是营销类的网站，或是移动端的网站？品牌展示型网站采用精美的创意策划与设计，再配以酷炫互动效果，让企业以最低成本实现品牌展示与传播，提高品牌影响力。营销型网站突出核心产品内容，聚焦客户眼球，让成交转化率更高。当然，还有移动端网站、商城型网站、基于微信平台的应用开发等，这要根据企业自身的需求来做选择。

建设网站的时候：首先，要体现自身业务的专业度，只有专业才能增强客户的信任度，让客户放心。其次，也要注意情感设计，一个优秀的网站是会让客户产生感情的，通过人性化的设计可以与访客产生互动，激发客户的兴趣与好奇心。最后，还要注意网站要展示优质的内容，优质的内容可以让客户产生较高的信任度。

值得注意的是，网站并不是建设好就万事大吉了，企业还需要对外进行推广，这样才能带来流量，才能吸引客户完成销售转化过程。网站推广既有收费推广方式，也有免费推广方式，比如，可以付费购买百度竞价排名及展示广告，以提升转化效率。

免费推广方面，方法很多，比如可以巧用百度知道发现目标销售人群。百度知道里面讨论的问题大多在百度上有不错的排名，这可是个极好的免费宣传机会。你需要选好关键词，然后用几个账号进行自问自答操作。目前，百度知道反作弊技术比较厉害，你可以在不同的网络环境下分开进行提问与回答操作。比如在公司的 Wi-Fi 网络下提问，然后通过自己流量链接网络进行回答，这样就不会被平台认定为作弊行为。另外，在自媒体和论坛上进行推广也都有不错的效果。

企业可以通过 SEO（搜索引擎优化）技术来优化网站，了解客户需求及偏好，以便及时对产品和宣传方向做出调整，这样就更容易被搜索引擎收录，从而带来更高的流量与转化率。

在大数据技术的冲击下，传统网站带来的销售转化作用正在减弱，多数企业网站都成为展示形象的窗口。其实，企业网站就是企业品牌在线上的门面，门面好不好或者说公司的实力如何，客户看看其官网的建设就能够知晓了，所以企业不可掉以轻心。

十九、效果分析：了解每一步的转化和流失情况

一切不谈转化的营销都是纸老虎，各种推广、各种营销的目的其实都是为了完成销售转化。我们只有对营销效果进行分析，才能知道转化和流失情况，及时调整营销方法。

流量越来越贵，获客越来越难，若推广及营销转化效果不好，则需要着手分析原因。一切优化，最终都是为了提高转化率。比如注册、购买、进行内容消费、提高参与深度等，与此同时还要减少每次转化过程中流失的量，必要时对流失用户进行召回。我们还需要借助数据分析工具进行进一步的数据分析，比如利用 GrowingIO。GrowingIO 是基于用户行为的新一代数据分析产品，企业无须在网站或 App 中埋点，即可获取并分析全面、实时的用户行为数据，以优化产品体验，实现精益化运营，用数据驱动用户量和营收的增长。

在这样一个产品设计以用户为核心的时代，企业增长其实就是用户量的增长。传统的数据分析工具基于平台流量，关注的是页面和流量，讨论的是网页有什么问题，并不知道用户的体验好不好。

而 GrowingIO 的分析是基于用户行为的，可以分析出用户从哪个页面进入产品页面，又是在哪个转化过程中流失掉的，在此之前他打开了哪些页面、有哪些行为，他使用什么操作系统的手机、在哪个城市等。

对于运营人员来说，很多人只关注整体转化，却忽略了重要的细节，比如不同地区的用户转化情况可能不尽相同。每一个不同都是优化的机会，都是增长的契机。

不要把所有转化的或流失的用户都混为一谈，我们要发现其中的差异。要根据产品的特点，按照需求进行自定义分群和维度拆分，最终定位问题所在，找到优化空间。

转化分析是一个闭环过程。先通过优化营销方法，分析结果是否有提升，再监控新的数据情况。用户量就在这样的不断优化中，稳定地增长起来。除

此之外，我们也需要组合使用其他分析工具。

对于移动 App 来说，AARRR 模型是个不错的分析工具。AARRR 模型把用户行为指标分为获取用户、激发活跃、提高留存、增加收入和病毒传播五大类，可以用来清晰地分析用户行为，了解每个环节需要重点关注的指标。

此外，企业还可以利用用户模型、事件模型、漏斗模型、热图分析模型、自定义留存分析模型、黏性分析、全行为路径分析、用户分群模型等八大数据分析模型，更好地助力运营，实现更好的转化效果。

第八章

创新：老品牌也能焕发酷感

一、要打动年轻人的心，就要让思维比年轻人更年轻

无论是消费观念还是购买能力，年轻人绝对是消费的主力人群，为了抓住年轻消费群体，品牌年轻化成为众多品牌讨论最多的话题。品牌商开始观察年轻人的一切，洞察年轻人的喜好，挖掘年轻人谈论什么、用什么样的语言、有什么样的习惯、有什么样的烦恼。但只在表面上进行年轻化的品牌并没有被年轻人认可，只有那些采用年轻化思维的品牌才实现了成功。

叛逆、自我、享乐、懒散、不上进……这是我们给年轻人贴上的标签。嘻哈、街头、音乐等元素似乎是与当下年轻人沟通的万能钥匙，表情包、Emoji、网络用语、二次元元素也在各种营销中屡见不鲜，有的品牌甚至还动用了明星这一撒手锏。很多品牌用看似时尚、热门、流行的元素将品牌打扮成了“年轻人”，但这样真的能打动年轻人的心吗？

在思想观念层面，有的人还未成年就开始感叹人生百态，有的人已年过半百却依然乐于挑战，充满好奇。年轻是一种处世态度，年轻化并不是外表上的年轻化元素的叠加，而是思想观念的不同。

一个品牌是否真的年轻有活力，并不一定需要靠年轻的流行元素来表达。比如，美国知名运动品牌锐步（Reebok）在 2017 年签约了当时 81 岁的王顺德爷爷作为代言人。王顺德，出生于 1936 年，有着一头银发，而锐步品牌在 1895 年成立，至今也有 120 多岁了。这个超高龄组合引发了人们的热议，但你不得不说他们其实都很年轻。

王顺德虽然已 80 多岁高龄，但是他一直在追梦的路上，那种不服老、不认输的精神深深打动了无数年轻人。坚持、自信、突破极限是王顺德身上展现的年轻态度，这种态度是年轻人所青睐的，也是很多人所追求的。锐步或许看重的也是这一点，它借助王顺德向消费者传递出“任何年纪，都可以活出自己的样子，突破极限，打破年龄的界限”的理念。这不仅引发了年轻人的共鸣，还形成了不错的传播效果。

个性、独立、多元是当代年轻人的共同特征，年轻化就是要一味迎合当下年轻人的喜好吗？非也。因为一千个年轻消费者可能会有一千种需求或喜好，你根本无法满足他们，任何品牌都无法做到让所有年轻人都喜欢。年轻

人需要的也不是一味迎合他们的品牌，他们很不喜欢谄媚讨好的行为，而是喜欢能够产生“共鸣”的品牌，喜欢一同探索世界的伙伴。精神上的志同道合，比任何浮于表面的年轻化更容易让年轻人动心。

品牌年轻化并不是浮于表面的年轻化。真正意义上的品牌年轻化并不是换一个新包装、改一句年轻化的口号就能做到的，这些只是品牌年轻化的一小部分。品牌年轻化是一个系统工程，它需要将年轻化的理念融入品牌的基因之中，品牌形象、产品本身、产品包装、营销方式等都需要有所体现。这样才能由内而外地让年轻人真正感受到品牌核心的年轻态度，而不是仅仅披了年轻的外衣，内心却和年轻人有代沟。

品牌的年轻化，一定要从品牌的核心精神和态度入手，形成年轻的品牌价值观，去发现年轻目标消费群的价值需求，建立一种能与年轻用户产生共鸣的态度，让他们对品牌产生认同感。

这一代年轻人是在互联网的陪伴下成长起来的，他们更懂得网络，更善于利用网络。所以，从一定角度上来说：抓住了年轻人的眼球、鼠标甚至喜好，你就掌握了未来的主流消费群体；和年轻人在一起，就是和未来在一起。定位年轻化的品牌必须走近年轻人、倾听年轻人、给年轻人话语权，从而更好地了解他们进而获得精准的信息，从更多角度去挖掘更多的诉求。

在互联网时代，要想抓住年轻消费者的心，管理团队、营销团队也要年轻化，拥有年轻化思维，这样才能跟上时代发展的步伐。

二、品牌创新：不做老少通吃的汉堡

在产品极大丰富的今天，品牌消费成为一种必然。消费者习惯选购品牌产品和服务，其实，他们相信的并不是品牌本身，而是品牌所承载的质量、技术、商业模式、企业文化等企业无形资产所具有的竞争优势。

当下，创新已经成为推动经济社会发展的核心驱动力，在互联网及大数据时代，品牌该如何进行创新呢？

现在的市场越来越年轻化，消费者也越来越年轻化。随着年轻一代逐渐成为消费的主力，品牌年轻化成为品牌营销市场的热点话题。“品牌倚老卖老”的时代早已过去，微软、谷歌、英特尔、戴尔等品牌也面临品牌老化的挑战，开始积极创新。

品牌创新的路径是多样的，不少本土品牌借助国潮风完成了品牌年轻化升级，建立起品牌与年轻人之间的价值连接。比如，美加净推出的大白兔奶糖味润唇膏、六神与RIO合作的鸡尾酒、泸州老窖与气味图书馆合作推出的定制香水等。不少本土品牌还通过跨界合作、整合营销向受众输出品牌的年轻态度和想法，连接彼此。

品牌创新离不开产品创新。要保持品牌永远领先、年轻的形象，产品创新是个不错的办法。宝洁就熟练地运用产品创新树立了一个又一个发展的里程碑。宝洁认为“为消费者提供更好、更新的产品”是它成功的根本原因。宝洁每年在产品研发上的投入超过20亿美元，在全球拥有超过55000项有效专利、7000余名科学家和17个产品研究中心，数百年来，宝洁一直引领时代的潮流，创造新产品，改变人们的生活方式。

创新品牌符号与创新品牌口号也是品牌创新常用的手段。品牌口号在改变品牌形象过程中起着不小的作用。比如，面对标榜古老、正宗形象的可口可乐，百事可乐打出“百事——新一代的选择”的全新口号，以青春、活力与年轻消费者同行，成为众多年轻消费者的选择。

提供差异化的客户体验也是品牌创新的一大手段。如何才能源源不断地为消费者提供货真价实的新产品并提升利润呢？在设计产品时把提供个性化体验作为目标是个不错的策略。以高露洁发布的“MaxFresh”冻感激醒系列牙膏为例，它不仅将激爽清新的味道作为主要卖点，还向消费者承诺这将带来“最酷炫最新鲜的体验”。MaxFresh两款劲爆新品内含独特配方，使用时能使口腔产生强劲冰爽感，使用后口腔内部留存清新感的时间比普通牙膏长10倍。这正是年轻人希望拥有的体验，凭借独特的体验，高露洁让“MaxFresh”冻感激醒系列牙膏脱颖而出，从而赢得无数年轻消费者青睐。当我们真的去了解消费者的需求之后，做出来的东西才可能真正让他们喜欢。

此外，及时调整品牌战略，创新营销也是不错的选择。老化的品牌形象并非不可更新，只要时常检视、不断反思，经常为品牌注入新鲜血液，就能让消费者感受到品牌在跟着时代潮流走，并没有停止脚步。

不同的人群有不同的需求，消费者具有不同的收入水平、学历水平，他们的阅历、兴趣爱好、人生规划也不同。即便是同一圈层的年轻人，他们可能有共同的爱好，但他们的差异仍然明显，抓住这部分差异进行深耕，会让用户与品牌的联结更深更强。对于品牌创新来说，最好不要做老少通吃的“汉堡”，深耕细分才会有更好的收获。

三、奔驰——从服务“车”到服务“人”

对于奔驰这个长期做豪华车的百年品牌来说，年轻化并不是一件简单的事情。在前些年，奔驰车被称为“后排乘客车”，言外之意是说购买奔驰车的人通常都会有司机来开车。的确，奔驰车更多的是和尊贵身份联系在一起，但现在世界变了，即使是豪华车，年轻化消费趋势也越来越显著，奔驰要学会新的游戏规则了。

最近几年，汽车行业发生了巨大变化，不仅是在汽车技术层面，整个行业的发展方向、客户需求、营销方法也都发生了不小的变化。以往，对于汽车厂商来说，传统意义上的服务，本质上其实是为“车”服务，比如对车辆进行保养、维修等。而如今，新兴的服务理念认为汽车厂商应该对“人”服务，“车”只是一个服务的载体而已。这种变化，是市场不断成熟化、现代化、互联化带来的必然结果，也是各大车企未来竞争的焦点。奔驰在几年前就开始关注这一变化，积极布局对“人”的服务。

2016 年，奔驰母公司戴姆勒集团发布了“瞰思未来”战略，诠释了奔驰对未来出行技术、出行模式及出行体验方面的愿景。此前，戴姆勒集团还提出了“最佳客户体验”品牌战略，力求为客户提供以用车服务为基础、延展到客户生活方式中的品牌体验，并将中国列为首批试点市场。

奔驰还为此设立了全新的客户体验部门，以便更灵活、更高效地打造出符合市场需求变化的品牌体验。

奔驰对于未来服务的核心，在于围绕用户的移动出行，以互联网为依托，提供更多类别、更高效率的生活体验。通过优化客户体验，来强化品牌的软实力，为品牌的可持续性发展增加动力。

在中国市场，奔驰的客户群体更加年轻化，奔驰拥有包括 A 级车、B 级车、CLA、GLA SUV 在内的新生代家族，用以满足年轻客户群体的需要。比如，2020 款奔驰 A 级三厢版汽车，正面的大尺度进气格栅和大灯灯组奠定了年轻化的基调，还配备了平视显示、无线充电等年轻人喜欢的配置。

客户体验十分重要，这不仅包括产品的使用体验，也包括在经销商4S店的选购体验，奔驰在这两方面都做出了不小的调整。以往在经销商4S店，奔驰为客户准备了茶饮，而现在，还准备了咖啡，因为年轻客户更习惯喝咖啡。以往客户在店内休息时，可能会选择通过按摩来放松，而年轻客户则可能希望能在店内进行瑜伽之类的有氧运动。以前，客户喜欢阅读报纸、杂志，而现在的年轻客户进店必问Wi－Fi密码，所以奔驰把无线网络范围覆盖得非常广泛，密码设置也极其简单。有的门店甚至还可以让客户畅玩电子竞技游戏，通过各种各样有趣有效的互动，奔驰与年轻客户进行了充分的沟通，对彼此都有了全新的认识，对产品选择也达成了共识。

奔驰十分重视售后。以往，客户对售后的感觉就是花钱进行车辆维修，在心理上并不容易接受。而现在，奔驰在与客户充分互动和沟通的基础上，通过客户乐于接受的方式，以及创造一些不以成交为目的的接触点，拉近彼此的距离，把整个过程变得更为顺畅和舒心。

对于奔驰来说，“不是在做年轻化营销，就是在去做年轻化营销的路上”。奔驰还在跨界营销方面不断探索。比如，在深圳举办奔驰GLA SUV“粉丝疯会”活动，赞助了2017英雄联盟全球总决赛，还制作了一个短片，以年轻人的视角讲述年轻人的故事，包括他们与《英雄联盟》一起度过的日子，奔驰GLA SUV与年轻用户一起去发现心中的美好。

在年轻化营销的道路上，奔驰一直用年轻人的表达方式与年轻客户进行交流。以全新梅赛德斯－奔驰长轴距A级轿车为例，从产品设计到MBUX智能人机交互系统科技的应用，以及营销角度，奔驰都希望能够抓住年轻客户群体的心。

对于线上零售，奔驰也十分重视。2018年，MAR2020战略正式在中国启动。在新型零售店中，奔驰优化了零售环境的人性化设计、零售流程及规格，通过多媒体应用为客户提供更为透明、便捷的信息。奔驰希望结合运用多种不同的零售战略举措，塑造顺应时代且具尊贵气质的品牌形象。

当前，人们对手机的依赖程度非常高，奔驰也主动出击，不断探索，目的当然是为了给客户更好的体验。比如：客户坐在车里，车辆会自动记录其体重和身体状况，触摸方向盘则会呈现客户的脉搏；呼吸频率也会被汽车记录；下楼进入爱车，车内美妙的音乐、合适的空调温度都已经准备好；甚至刚刚点的外卖食物，也在智能人机交互系统的协助下被派送到车内；等等。越来越多的美妙体验，都已经变成了现实。

未来，汽车会像手机一样，承载很多生活中的元素。奔驰愿意在“瞰思未来”战略的基础上，在智能互联、自动驾驶、共享出行以及电力驱动领域与客户建立更多的无缝连接，为客户打造更自在、更高效、更便捷的出行方式，打造更好的客户体验生态系统。

四、宝马——具有情感感召力的数字化互联

宝马汽车公司（BMW）创建于1916年，经过百年洗礼，也正在向品牌年轻化迈进。宝马始终坚持以创新的方式建立起与广大客户深入沟通的新平台，通过数字化互联给客户带来全新体验，与广大客户创造深层的精神共鸣，不断深入落实以人为本的品牌策略，全心全意为客户提供真实、创新、难忘的体验。

中国不仅是宝马全球最大的销售市场，也是客户需求的引领性市场。在社交媒体时代、互联网时代、数字化时代，品牌与年轻消费者沟通的方式也正发生变化，宝马在这方面做了非常多的尝试。

数据显示，宝马在中国的新车客户平均年龄仅为35岁，这些客户对创新技术的接受度比欧洲客户要高，他们更喜欢“存在感”。年轻化的客户崇尚激情体验，喜欢富有表现力的设计、真正的创新科技和精益求精的品质，这些求新求变的需求在宝马产品上体现得淋漓尽致。

2010年4月，宝马在中国启动以“BMW之悦”为核心主题的品牌战略宣传活动，这也是宝马自1994年进入中国市场以来，首次在中国市场开展全方位的品牌活动，还是宝马首次把品牌核心推到前台和消费者直接进行更为情感化的沟通，希望把更具中国味道的品牌形象展现在消费者面前。

2016年，宝马发布全新战略，全面推进数字化，专注于不断拓展科技储备，扩大人、车辆与服务之间数字化连接的范围，致力于从单纯的汽车制造商转型为高档个人出行服务供应商，以更具创新科技和感性魅力的产品和服务引领个人出行迈向自动化、互联化、电动化和共享化的未来。

中国的年轻消费者是生活在互联网下的一代，他们对数字化互联有着更高的要求。宝马在“互联网+”方面一直走在前沿，且有前瞻性。手机的很多功能都可以在车内使用，人机互动体验更佳，这也是宝马与竞争对手不一样的地方。

BMW 云端互联是宝马在中国市场开拓数字化服务领域的创新成果。从1980 年第一台搭载车载电脑的 BMW 7 系列开始，宝马在车辆互联领域已经探索了40 多年，基于丰富的经验和雄厚的技术实力，宝马一直坚持创新，在开发 BMW 云端互联时，转变了过去以车辆为中心的思路，而是将客户需求作为着眼点，围绕客户实际需求去打造便捷的功能。

BMW 云端互联使手机和宝马融为一体，能为客户带来更多的驾驶乐趣。这个功能丰富、一站式、基于“开放式移动云”的个人数字化出行伴侣，以手机 App 为载体，整合了目前宝马所能提供的所有手机应用程序，提供了多样化的出行服务，将汽车无缝连接至个人出行生活。BMW 云端互联开启了一个高度个性化的智能互联和数字服务时代，标志着宝马的数字化服务进入新的发展阶段。

基于前沿云技术平台的 BMW 云端互联还具有多重扩展性，未来可以纳入更丰富的应用和功能。宝马这些以客户为导向的数字化产品和服务将为中国客户带来更为智能和便利的出行服务，而宝马凭借丰富的功能和开放的模式，再次引领了汽车行业的数字化发展潮流和变革。

宝马始终在打造品牌、打造高度情感化的客户关系方面引领潮流。以全新一代 BMW Z4 敞篷跑车为例，它内置第七代 BMW iDrive 智能人机交互系统，结合 BMW 智能个人助理，将革新客户的个性化互联驾驶体验。既有澎湃动力，又有灵活操控，凭借独一无二的宝马跑车动感驾驶体验，独领细分市场。它具有的 20 项豪华标配，能够全面满足潮流先锋和年轻精英的需求。

2019 年 11 月，BMW 车载天猫精灵在中国市场正式推出，这丰富了客户可享受的车内数字生态，提升了客户在车内的体验。2020 年，BMW 互联驾驶系统中的互联音乐“CONNECTED MUSIC”在中国升级，增添了宝马车载喜马拉雅应用程序，与QQ音乐一起，为客户提供丰富的流媒体产品。

宝马始终致力于引领数字化潮流发展，在数字化客户服务方面，不断推进数字化战略，充分加大数据赋能业务体系，实现线上线下无缝连接，为客户打造便捷、高档的数字化旅程。让宝马日益融入并成为中国客户数字化生活的一部分，这是宝马发展的愿景。在数字化战略指引下，宝马不断丰富车内数字生态系统，将中国成熟的数字化生活引入车内，实现了汽车与个人生活的无缝连接。

五、奥迪——打造更具个性化的细分圈层

奥迪于 1987 年进入中国市场，如今已经 34 个年头。作为较早进入中国的汽车品牌，奥迪早已经成为汽车行业的风向标。普华永道的一项调研数据显示，在一线城市中，26～35 岁的消费者是豪华车品牌的主力军。奥迪正是发现了豪华车市场消费群体的变化，从而制定了“年轻化”的品牌战略。

当然，奥迪的年轻化并不是狭义地以年龄为消费者贴上标签，而是倡导心态上的年轻化，希望通过产品、营销等方面的创新，让消费者产生发自内心的愉悦感。消费者需求的变化，是每个企业面临的最大挑战。而“每个第一次，引燃改变”则是奥迪的破题之举。为此，奥迪以用户形象战略为发力点，通过构建多元化的用户组织，引发企业与用户的共鸣，进而完成从产品为中心向用户为中心的转变。

对于奥迪而言，除了紧追科技的变革，还重视与用户的沟通和融合。为此，奥迪用“奥迪英杰汇”“奥迪创新人物”打造出群像传播力量，作为用户形象战略的一部分，让消费者进一步感知到奥迪关于改变的态度。

早在 2005 年，奥迪就成立了“奥迪英杰汇”组织，汇聚来自各领域、各行业的社会精英代表。郎朗、刘国梁、马龙、杨澜、吕思清……这一个个耳熟能详的人物组成了“奥迪英杰汇”。他们事业成功而不张扬、激积进取而富有品位，展现了当下中国精英群体的主流生活态度，并引领人们向未来加速前行的脚步。

面对不断扩大的用户基数和不断细分的用户需求，奥迪在 2016 年又打造出更具个性化的细分圈层——“奥迪创新人物”，他们不仅拥有年轻活力、坚持进取和创新等共同特质，同时也是奥迪“每个第一次，引燃改变”精神的践行者。

“奥迪创新人物”的建立初衷，就是致力于共同探索和发掘关于创新的

无限可能，以创新人物的榜样力量激发无数平凡大众的潜力与能量，共同推动时代发展。这一组织代表更年轻和更多元化的奥迪未来用户形象，也是倡导奥迪创新进取价值观的多圈层人物组织，这一组织的成立，帮助奥迪打破了冰冷科技的束缚，以更有温度的方式与用户沟通。

当今的消费者已经厌倦了千篇一律的产品话术，奥迪通过“奥迪英杰汇”与“奥迪创新人物”构成的用户形象战略，将技术优势转化为品牌优势，从“用产品说话”到“与人交流”，拉近了企业与用户之间的距离。

时代在进步，消费者的消费观念也在不断地发生变化，作为最早进入中国市场的豪华车品牌，奥迪一直以来与时俱进，悉心洞察用户群体，时刻紧跟用户的成长脚步。从“奥迪英杰汇”到“奥迪创新人物”，奥迪始终在不遗余力地探索新的沟通模式，展现具有进取精神的奥迪车主形象和品牌精神。

在国内汽车消费人群结构发生更迭之时，汽车厂商也开始积极思考如何与用户进行更好的沟通。曾经的奥迪通过产品、服务给用户带来体验上的愉悦，在上半场竞争中拔得头筹。现在，复杂的市场环境吹响了下半场的哨令，而奥迪正以用户形象战略为着力点，通过打造多元化用户组织，并与消费者产生情感联结，在激烈的竞争中率先起步。

六、苹果——品牌从高冷到平易近人

苹果一直扮演着“霸道总裁”的高冷形象，尖锐、犀利、锋芒毕露，乔布斯时代的苹果可以说是一个青苹果。库克时代的苹果则开始变得口感绵软、颜色艳丽，给人的感觉是温和、友善且平易近人。

2020 年 5 月 1 日，国际知名调研机构 Canalys 公布了 2020 年第一季度手机市场数据，苹果手机由去年同期的 4020 万台降至今年的 3710 万台，同比降幅超过 8%。iPhone 销量下降，已经是不争的事实。乔布斯一手缔造的苹果，正在面临销量下滑的危机，这既与苹果的产品、市场策略有关系，也与苹果之前保持的高冷品牌形象有一定关系。

在乔布斯的眼里，“消费者并不知道自己想要的是什么，而我们要做的就是告诉他们你需要什么”，让产品保持高冷形象、教育用户是乔布斯为苹果树立的品牌形象。而后来，市场环境及消费人群的需求都发生了剧烈的变化，乔布斯式的玩法已经不灵了。

苹果一贯强调“Think Different”，一直努力做到与众不同。苹果品牌的高冷形象，来源于其卓越的创新能力、独具一格的工业设计能力及其带来的众多先进技术与优质产品体验。

库克接任苹果公司的掌门人之后，一直极力调整苹果的高冷品牌形象，如今苹果的社会公众形象已经得到大幅提升，而且苹果与消费者的关系也变得更加有温度。

库克正在将苹果这个品牌打造得更加具有亲和力与诱惑力，对于员工，它的企业文化更易于接受，对于消费者，它的社会形象更加好。2014 年，库克公布自己的同性恋身份并为 LGBT 权益发声；2015 年，库克宣布捐赠个人所有资产做慈善事业，优化企业员工多元化结构，提高女性员工和少数族裔比例，提升海外供应链工作环境及员工待遇，开启环保回收业务、大力投资能源工程……库克正在让苹果品牌变得更容易沟通，更容易让人亲近。

2020 年 2 月，苹果发布一则全新广告，推广包括 iPhone 11 以及 iPhone 11 Pro 等机型的夜间模式功能。广告延续了苹果一贯的简洁风格，简洁明了的功能使用前后对比以及呈现多张成像效果优质的照片，传递产品价值。然而，与苹果在人们眼中的一贯高冷形象有所不同，这支广告的背景音乐让人感到一股魔性，画风突然来了个 180 度大转弯，更是有些迎合消费者口味的意思。

在成为更加亲民的品牌的道路上，苹果选择讲一些真实而温情的故事，就像这几年春节前面向中国消费者推出的新年广告一样。2018 年，苹果讲述了《三分钟》的故事；2019 年讲述了《一只桶》的故事；2020 年的微电影广告则是《女儿》，讲述了一位单亲妈妈带女儿开出租车谋生，在除夕夜与亲人久别重逢的故事。苹果为了让广告足够感人足够亲民，三个故事的内容都取材于真人真事。为了配得上苹果品牌高大上的形象，《女儿》请来了当红影星周迅做主演，甚至请来了奥斯卡金像奖最佳影片奖提名的导演西奥多·梅尔菲（Theodore Melfi）和凭《小丑》获得奥斯卡金像奖最佳摄影提名的摄影师劳伦斯·谢尔（Lawrence Sher）。

其实，苹果高冷的气质之下也藏着一颗蠢蠢欲动的心，魔性早已深植在苹果的基因里。随着创新力的缺乏、安卓手机的崛起，以及销量和利润的重压，苹果广告变得越来越接地气、越来越平易近人，也就不难理解了。

七、华为——产品风格“将年轻进行到底”

在很多人的印象中，使用华为手机的用户一般年龄偏大，这与华为手机商务机风格有着很大的关系。华为最初主打的是商务机型，产品成熟稳重的外观设计吸引了不少商务人士及白领人士，但不太符合年轻人的审美观。

最近几年，华为开始调整战略，推出面向不同人群 Mate 系列、P 系列、nova 系列、麦芒系列和畅享系列五大机型，此外还有单独的荣耀品牌。其中，P 系列是高端旗舰机，突出摄影功能，时尚有活力。Mate 系列主打商务人群，外观成熟稳重，在商务方面黑科技较多。麦芒系列和畅享系列主打中低端市场。nova 系列则主打年轻人群，突显颜值和拍照。

华为为什么要推出针对年轻人的 nova 系列手机？因为当前的市场环境发生了变化，用户需求更加细分化，只靠原有的成熟稳重可靠形象的商务系列是远远不够的，所以华为才在受众群体之中精准定位了年轻的消费者，推出 nova 系列产品，目的就是吸引娱乐化、新潮的年轻人群。

华为 nova 系列手机具有鲜明的年轻、娱乐、科技、新潮特色，主要面向个性、精力充沛、能够快速适应变化的年轻消费人群。这些年轻人在专注高效的同时，对生活拥有强大的热望、具有自己的独立意志，更是追求高品质的“乐活族”，nova 系列围绕年轻人的特性开展新的“吸心大法”。

在产品设计风格方面，nova 系列更加新潮。即便是在 P 系列和 Mate 系列，华为在设计上也增加了潮流的元素。而作为高端化、年轻化、时尚化的华为 nova 6 系列，在探索美学设计的道路上更进了一步，比如，6.57 英寸双摄极点全面屏，3D 曲面玻璃机身，四款全新时尚配色方案，实现超现实的惊艳美感，继续引领时尚与潮流。加上创新工艺，它从不同角度给予年轻人奇幻的视觉效果，时而如晨曦薄雾，时而如飘逸极光，让人如同进入时空幻境，正如年轻人一样，不被定义，独具个性之美。

华为 nova 6 秉承了 nova 系列“新潮派”的价值主张，聚焦年轻人群需求，用创新科技为年轻人生活场景带来全新体验，从而创造更多可能。无论是时尚潮流配色与梦幻光影 ID，还是业界领先的 105°前置超广角双摄系统，以及搭载麒麟990新旗舰芯片的旗舰级硬件配置等，都很好地解决了年轻消费群体的需求痛点，每一个细节都能打动年轻时尚人群的心。

在拍照方面，华为nova 6前置3200万像素自动对焦镜头和800万像素105°超广角镜头组成的双摄像头系统可轻松驾驭多种自拍场景，解锁更多自拍、Vlog玩法，让自拍“大”不一样，再也不怕出现人多拍不全的情况，虚化及夜景功能也更加出色，随时可以拍出封面级质感自拍大片，备受年轻人喜欢。

从前期的市场调查开始，华为就搜集了多所高校年轻消费者的现实需求，发现大学生群体普遍有拍课件的需要，于是在拍摄中加入了文档矫正功能。很多学生党表示，用上这项功能之后，上课时位置再偏也完全不用担心拍下的资料角度不正，不好识别。当然，这一功能也深受商务人士喜欢，他们在拍摄票据、合同等文件资料时，拍照清晰且可自动校正拍摄角度，提升了工作效率。

此外，在系统方面，华为手机的EMUI系统，给人最大的感觉是偏向商务风，为了能让年轻用户喜欢上EMUI系统，华为在系统的设计风格上也做出了很大的改变，UI的设计风格越来越年轻化。

关晓彤、张艺兴、易烊千玺是nova手机的代言人，他们是年轻人喜欢的偶像。这些代言人努力付出、积极向上的生活态度也正是华为手机想要向年轻人传递的。

在年轻消费者主导市场的今天，如何与他们进行情感联系变得愈发重要。近年来，综艺节目深受年轻人追捧，希望进一步拓展年轻消费群体市场的华为手机也开始试水娱乐化营销，加强与综艺节目的合作。2016年，华为手机还首次独家冠名了浙江卫视全新综艺《声音的战争》，试水娱乐化营销，进军年轻市场的决心非常大。

华为在2020年最新发布的nova 7系列同样用更酷炫的设计、更出色的自拍功能以及靓丽的配色来装点自己，诠释了“好玩、好用”的特性。难得的轻薄体验、更加实用且有趣的相机模组，以及高调的工业设计，时刻抓住了当下年轻消费者的“胃”。如图8－1所示。

图 8－1　华为 nova 7 Pro 的时尚配色

八、三星——用体育和流行文化对话年轻群体

2018 年 6 月，三星电子大中华区总裁权桂贤对媒体公开表示："今后，我们所做的很多事情，都会更聚焦年轻人市场，无论是在产品开发还是在市场营销、零售等方面，我们都会围绕年轻消费群体来推进。但这并不代表我们就忽视其他消费群体，我们会认真听取年轻消费者的意见，根据他们的需求来调整公司的战略，集中为年轻消费者做一些活动。"

作为智能手机领域的佼佼者，三星在技术和产品研发上的"硬实力"毋庸置疑，但发出如此明确重视年轻市场的声音，这还是首次。三星正在经历一场年轻化的变革，而这显然不只是推出一两款更加时尚的新品那么简单。年轻，不仅是一种状态或者心态，也是企业面向市场的重要策略之一，这一趋势在三星身上表现得尤为明显。

对于年轻消费群体来说，科技和体育可以说是绝配。三星已经在体育领域深耕多年，作为奥运会 TOP 合作伙伴，三星与国际奥委会的合作，最早可以追溯至 1998 年日本长野冬奥会。在 20 多年的时间里，三星始终致力于用最新的技术支持奥运会。三星还是奥运会的长期赞助商，2018 年，三星与国际奥委会签约，将全球奥运合作伙伴关系延长至2028年，三星将继续成为奥运会的TOP赞助商。与此同时，三星的赞助范围也从原来的无线产品扩大至5G、人工智能、增强现实、虚拟现实技术等。三星通过创新技术和营销活动宣传奥运价值，也借此吸引新的关注。

三星向着“更年轻、更有活力”的方向积极尝试。2018年12月6日，三星与江苏苏宁足球俱乐部达成战略合作，成为江苏苏宁足球俱乐部2019年至2021年赛季顶级赞助商。而早在2017年，三星便与合作伙伴苏宁一起深入延边、河北、辽宁、湖北和陕西等多地的希望小学，为渴望体育运动、热爱足球的少年带去了定制的电子产品和体育用品，将足球精神、体育精神传递到更多的学校。

三星也长期关注全民体育健身事业，此前曾倾力冠名赞助“2018西安城墙（三星）秋季国际半程马拉松”活动。5000名时尚运动爱好者不仅在比赛中充分释放了运动激情，也体验到了三星多款前沿科技产品的魅力。

三星开始年轻了起来，无论是为年轻群体而生、让年轻群体展示自我的Galaxy A系列手机，还是针对年轻白领和时尚人士推出的星曜Pen Pro以及Galaxy Tab S5e等笔记本、平板电脑，或者是签约年轻人喜欢的明星做代言人、跨界营销等，从产品设计理念到市场营销策略，三星都在竭力打好年轻人这张牌，从迎合到引领和满足年轻人对于时尚、个性、潮流、前卫的追求。

除了在产品方面精心打磨之外，三星也十分重视年轻消费者的心态、品位和审美等精神层面的诉求。除了体育，三星还通过音乐、游戏等新生领域建立与新生代情感的共振和价值观的共鸣，打造全新跨界新生态圈层。比如，在年轻人喜欢的游戏领域，三星选择与腾讯、网易等知名游戏公司合作，针对游戏时的痛点问题开发出AI游戏引擎，进一步提升用户的游戏体验。在品牌代言人方面，三星聘请华晨宇、张艺兴、朱亚文等国内明星为代言人，搭建与年轻人沟通的桥梁。

音乐是当代年轻人最喜爱的话题之一。2018年，三星Galaxy A系列选择在西安古城举行发布会，五光十色的灯光秀以及国外DJ带来的电音摇滚让现场的每一个人都热血沸腾。三星将电音这样广受年轻人追捧的元素融入发布会，力求通过这种全新的方法寻找与中国年轻消费者做朋友的机会。

三星还是西安高新MIST音乐节的冠名商，从2018年到2020年已经举办了三届，三星一直是其冠名商。MIST 是以多元化音乐交流为主题的本土新生代音乐节品牌，吸引了大批年轻用户的参与，三星带领年轻人一起体验这场令人激情四溢的视听盛宴，享受全新的音乐体验。

在家电领域，三星电视携手腾讯视频举办“2018 纵享智娱视听”主题活动，三星电视很好的视听体验搭配腾讯视频海量 IP 资源，将动漫、小说等网络原生二次元文化带入客厅，将年轻群体重新拉回到电视前，享受全新娱乐体验。

三星选择以体育、音乐等作为宣传的切入点，迎合了当下年轻人的兴趣，更能唤起他们对三星在情感上的共鸣和认同。三星正在用跨界流行文化与年轻人积极对话，深耕年轻市场，俘获更多年轻消费者的心。

九、小米——借势亚文化和二次元引爆营销

亚文化是一种小众文化，它是非主流、局部的文化现象，拥有独特的价值与观念。渴望得到认可，渴望展现自我是亚文化的精神内核。亚文化在崛起，代表着受互联网影响的年轻一代追求自我、追求差异化的思想意识正在崛起。这意味着，在新的形势下只有发掘用户需求、满足用户需求，才能使营销取得成功，才能让粉丝经济变现。

小米手机的成功在于它对核心消费者即“米粉”的培养和维护，比如小米手机通过拍摄《100 个梦想的赞助商》微电影，感谢最初 100 位内测用户，以及一路支持陪伴其成长的粉丝，这既赋予品牌人格化，又加强了用户体验。该微电影讲述的是洗车工舒赫，虽只有捷达车却不放弃梦想，在 100 个梦想赞助商的帮助下，成功成为赛车手并赢得比赛的故事。每个看完这个故事的年轻人，都会感动，莫名产生一种支持他、陪伴他的冲动。

小米在初期就展现了它的与众不同，将目标用户群体定位为年轻人，针对年轻人期盼表达自己观点、获取社会认同的群体心理诉求，在发展之初就致力于为用户提供“参与感”。小米让网友一起来共同参与制造手机，“米粉”们每天在小米的BBS提交各种建议和意见。无数的创意铸就了小米的灵魂，当每个人的灵感结晶汇聚于小米，每个人都变成小米的参与者和创造者时，对于年轻群体来说，这绝对是一次精神回报丰厚的集体狂欢，他们把最

高的用户忠诚度都给了小米。

“为发烧而生”是小米的口号，其背后是一种“极客精神”的亚文化，通过非凡的用户体验将竞争对手甩在了身后。小米如此宠粉，在增强品牌粉丝自豪感的同时，也加强了亚文化群体的归属感。

再来看看火爆的二次元，以及弹幕、吐槽、视频等现已被大众接受，曾经专属于小众圈子的二次元亚文化，如今已成为流行文化深入年轻人的生活。2016 年 8 月，小米上传了一个名为《【新人渣作】丞相司徒拼嘴炮，雷总只管打广告》的视频，除了群众喜闻乐见的诸葛丞相以及王朗之外，雷军也成为素材一并出现在了视频中。

几天后，小米公司 B 站官方账号又更新了一个名为《【雷军】雷总教你读古诗》的视频。后来，小米还发布了《【MMD】最后一口“极乐净土”》《【MMD/多素材】我有一言，请诸位倾听!》等视频，让二次元用户大呼过瘾。

小米公司 B 站官方账号的新番订阅以及视频收藏夹内容也很丰富，比如，收藏了各种不同版本的《极乐净土》，各种 MAD（动画音乐视频）、搞笑视频，还有宅舞教学以及日本 TV 动画销量 TOP 200 的盘点视频……

2017 年，小米还与二次元顶级 IP 初音未来跨界合作，推出了红米 Note 4X 初音未来限量套装，极高的性价比和初音未来元素的加入，让这款限量套装受到大量二次元爱好者的追捧。

很多公司做二次元营销，只把二次元相对集中的 A 站、B 站作为推广的渠道，却忽略了这些深受亚文化影响的年轻人内心深处最需要什么。

追番、看视频、做 MMD（Miku Miku Dance，是一个免费的动画程序，让用户动画和制作 3D 动画电影）是小米了解二次元年轻爱好者的有效方法，这些由小米品牌策略部花费心思理解并制作的视频和 MMD 内容，让原本冷冰冰的小米官方账号转变成为活生生的 UP 主，小米真正融入了二次元世界，与二次元用户的距离也拉得更近了。

十、海尔——趣味相投：玩出智爱生活

经过 30 多年的发展，海尔品牌从一无所有发展到如今品牌价值超过 1021 亿元（据 2019 中国品牌价值百强榜数据），海尔的发展有目共睹。但

是，海尔近年来却出现了品牌老化的迹象。在“互联网＋”时代，承载着众多人记忆的国民品牌海尔也开启了它的年轻化之路。

2015 年，海尔启动了针对 90 后人群的一大波营销。比如，7 月 23 日，海尔启动“创见生活感动——众创意，智爱家”活动，受到年轻人的广泛关注。海尔联手时尚跨界先锋尚雯婕以及来自全球的顶尖设计师团队，以 90 后喜欢的众筹形式展开交互，收集用户对“家”的新奇想法。同时，将年轻用户的期待转化为真正可见的“智爱家”，并在金秋时节将智爱家落成。

相比以前循规蹈矩的传统消费者，现在的年轻人已经变了，他们不喜欢也不会被说教，他们只喜欢选择认同。当时，综艺节目《奇葩说》大火，“奇葩”也成为当时年轻人之间的热词。奇葩，并不是犀利的言辞和出位的作风，而是年轻人敢于直面自我、勇于坚持个性的精神面貌。在当下越发紧张的社会节奏和优越的物质条件下，“奇葩”的年轻人在工作生活中更趋向于内心的兴趣，对他们来说，“玩”才是正经事。面对消费者的变化，海尔积极转变思路，创新营销方式，和年轻人玩在一起，推出了一系列营销活动。

海尔针对年轻人开展了主题为“智爱星人音乐奇妙夜”的“奇葩趴演唱会”，吴莫愁、旅行团乐队、女团 SNH48 纷纷亮相，引发了年轻人的关注和参与。

除了音乐会，海尔还以“不玩不生活，奇葩来开趴”之名，携手《奇葩说》里的马薇薇、肖骁等达人和潮流的青春偶像开启了一系列专属年轻人“奇葩的轰趴”活动，从线上到线下，用音乐、美食、旅行等不同的玩乐方式为“奇葩”的年轻人提供一个分享“不玩不生活”人生态度的平台，这是一次将产品创新和品牌营销创新有机结合的尝试，让消费者感到海尔品牌变得更加年轻化了。

除了营销环节，在产品设计环节，海尔也非常重视与年轻用户的交互，一系列面向年轻人的创新家电能以“奇葩”的姿态出现，这源于 67 万网友和海尔研发平台的深入交互。在交互中海尔发现了年轻用户的痛点，于是用先进的技术手段和最年轻化的表现形式来帮助年轻人解决这些痛点。比如，海尔为 90 后定制产品，推出“哪里脏了点哪里”的咕咚手持洗衣机、90 后青春家电等。通过一系列动作，海尔让产品与年轻人玩在一起，让用户玩出精彩，享受智爱生活。

在互动渠道上，海尔极为重视移动端传播，选择了先通过网络和移动媒介招募活动参与者，再结合线下活动的方式让年轻用户可以零距离地接触新品。移动端是年轻人社交的主场，对此，海尔与拥有大批年轻用户的酷我音乐、豆果美食等 App 合作，精准覆盖不同的受众群体，也尝试与大众类的移动 App 找寻可能的切入点。此外，海尔还将电商平台“海尔商城”实现了移动化，并打通微信等渠道来缩短与年轻消费群体的距离。

95 后、00 后的“个性”与“自我”贯穿他们生活的方方面面，新生代消费者崇尚个性化的品牌价值，希望品牌在功能以外还能提供其他价值，比如时尚、趣味、个性化以及共鸣等。海尔的一系列品牌活动不仅向年轻消费者传递了品牌性格，通过与年轻用户的深入交互发现了这个群体独有的需求，并借助颠覆性的产品创新帮他们发声，引发了年轻人的情感共鸣。

十一、可口可乐——喝出“年轻”的口感

“我不卖可口可乐，卖的是生活方式。”诞生于 1886 年的可口可乐，是个十足的百年老品牌，它的年轻化之路，值得很多老品牌学习。

可口可乐之所以历经一百多年还是消费者所喜欢的品牌，在于它不断给产品注入新的概念，不断改进产品，不断改变包装，不断改进营销方式。

从新口味到跟潮牌合作，可口可乐都在宣扬一种年轻的态度。可口可乐正在打造世界上最好“玩”的饮料，它推出过多种新玩法，如姜味、咖啡味等口味的可乐，还有大热单品——吸脂可口可乐（可口可乐 Plus 汽水），不仅零糖分零卡路里，还能带走你身体内的油脂。

2017 年，可口可乐率先在日本推出一款吸脂可口可乐（可口可乐 Plus 汽水）。这款研发了 6 年的产品添加了水溶性膳食纤维，可以抑制餐后人体的脂肪吸收量。也就是说，它不仅拒绝人体吸收，还带着油脂从你身体里离开。产品一经推出，就成为网红饮品，在微博、Instagram 上被无数年轻人打卡。后来，这款产品也在国内上市，同样吸引无数年轻人。

其实，很早以前，这个百年老品牌就把手伸向了年轻人关注的时尚领域，和“老佛爷”卡尔·拉格斐（Karl Lagerfeld）、Marc Jacobs 推出联名款。卡尔·拉格斐是知名奢侈品牌香奈儿的艺术总监、著名时装设计师，虽然在

2019 年离世，但是他之前设计的产品依旧充满活力，可口可乐于 2010 年推出的限量版 Coca－Cola Light Bottlle 就是由他亲自操刀设计的，瓶身上有他利落的剪影：笔挺西装、招牌马尾，还有帅气的签名，红色的瓶盖。"老佛爷"永恒的墨镜白发长辫形象长期占领着时尚圈的制高点，他曾成功瘦身，这样的设计对于年轻人来说很有说服力。

在大多数人的印象中，可口可乐一直是红色瓶身。因此，绿色环保版可口可乐一经推出，就备受年轻用户群关注。绿色环保版可口可乐是一款表里如一的绿色饮料，这款可口可乐里的糖分是从天然甜菊叶中提取的，每 100 毫升只有 27 卡热量，含量比普通版减少约 1/3，包装也采用了 Plant Bottle 环保瓶。

100 年前，可口可乐只是一瓶饮料。但现在，它不仅可以穿在衣服上、写在本子上，还变成时尚符号，成为各大服装品牌宠爱的合作对象。可口可乐有属于自己的服装品牌 Coca cola clothing，风格热情、动感。可口可乐推出的 Slogan T 恤，百搭不挑人。还有 2018 年 KITH × Coca－ Cola × Converse 的三方联名款潮鞋，直接选择了可口可乐标志进行点缀，白红搭配，非常亮眼，吸引了众多年轻人的关注。

此外，可口可乐还和纽约潮店 KITH 有很多合作。标志性的飘带标志贯穿 T 恤、泳衣、卫衣、帽子、袜子等多种单品之中。对于年轻人喜欢的唇膏，可口可乐同样没有放弃，它联合 Lip Smacker 推出的唇膏套装，具有香草、草莓、樱桃等多种口味，非常独特。

看到这里，你才知道可口可乐非常会玩了吧。可口可乐早已突破了"喝"的范畴，在好玩的路上越走越远。而这种追求创新的生活方式，即便放在 2020 年的今天，也非常受年轻人欢迎。

可口可乐的一系列创意举动都在告诉大家，可口可乐演变成一种流行的生活方式。关于年轻人的故事，一讲就是上百年，可口可乐为自己的发展道路贴上了追求年轻、保持青春的标签。多年来，可口可乐一直将自身定位于年轻人，虽然爱喝可口可乐的人上至老者下至幼儿，但总体上还是集中在青少年群体。从内部的口感味道，到外形的包装设计，可口可乐的时尚风格和潮流个性都十分贴近青少年，同时根据他们的需求和愿望不断进行创新。

可口可乐公司也一直关心关注年轻人的发展，通过履行社会责任与青少年一同成长，比如捐建希望小学、希望图书库和希望网校等，以公益行动回馈消费者，让可口可乐的公共形象凸显青春活力。

此外，可口可乐还致力于赞助与年轻人相关的多项活动，与青少年一起行动。从年轻人最为关注的奥运会、世界杯到世博会，几十年来，可口可乐与世界性盛会结下了不解之缘。而从北京奥运会上的奥运火炬手选拔，到上海世博会注册大学生记者活动，身为战略合作伙伴的可口可乐开展了一系列吸引年轻群体参与的大型活动，给品牌注入了更多年轻的元素。

在无数的举动中，可口可乐展现出别样的青春朝气，与可口可乐饮料一样，给人以年轻、清爽、活力之感。

十二、麦当劳——社交与 O2O 联动，玩出营销新鲜感

面对营销信息及广告的狂轰滥炸，消费者越来越缺乏耐心，更是失去了对营销信息的敏感度。品牌营销面临着营销信息难以打动用户、互动性差、转化率低等多种难题。与此同时，"有趣""好玩"的营销方式正在为消费者所接受，尤其是年轻消费者，他们更喜欢出乎意料的、具有新鲜感的营销活动。

在传递品牌信息的同时，如何与消费者形成高效互动，吸引受众注意并最终延伸为销量转化？这是众多品牌思考的问题。2018 年，麦当劳就做了一次新鲜的品牌营销。

春节假期刚结束，麦当劳与微信小游戏《跳一跳》开展独家合作，为年轻消费者打造一场引爆热潮的"惊喜一刻"营销活动。小游戏凭借其门槛低、便捷性强、占时短的独特优势，受到年轻一代欢迎。引发一波又一波刷分热潮的《跳一跳》，成为当时年轻人聚会的新风尚，荣登"最受欢迎小游戏"排行榜首位。

用户关注度高、参与热情度高、互动性强的小游戏无疑是品牌营销的一片新沃土。作为当时最受欢迎的小游戏，《跳一跳》途中的加分彩蛋最为吸引用户的关注，因为在此停留等待可以获得加分。麦当劳抓住这一与用户深度沟通的新机遇，占据"彩蛋"这一高关注度部分，为用户制造加分的惊喜一刻。

另外，麦当劳并不是单纯依靠线上与用户联动，还将线上用户引到线下。用户在微信上搜索麦当劳小程序，输入在《跳一跳》看到的麦当劳产品名字，即可获得优惠券，可在线下餐厅使用。不得不说，麦当劳的植入方式十分巧妙。通过加分与优惠券的双重彩蛋，就紧紧抓住了“以看到此广告为荣”的游戏用户的心理。

春节版《跳一跳》还加入观战及多人对战功能，通过社交裂变带动更多年轻用户的参与。麦当劳与《跳一跳》的合作让社交、游戏与O2O实现联动，让用户颇感新鲜，同时也引发了全民参与热潮。

麦当劳年轻化的品牌形象、轻松愉快的品牌调性与《跳一跳》小游戏的用户属性完全吻合。在这次趣味植入中，用户深入感知了麦当劳的品牌形象，麦当劳小程序的知名度得到进一步提高，“彩蛋 buff”对麦当劳的销量也起到了直接拉动作用，成功触达亿量级用户群体。

在碎片化时代，麦当劳为年轻用户打造的小游戏植入，为传统的品牌营销注入了新鲜感，满足了消费者对于新营销方式的更高诉求。这次营销活动提升了麦当劳的品牌体验：一方面，玩游戏时的额外加分为用户提供了奖赏，满足了他们的虚荣心；另一方面，出乎意料的优惠券让用户获得了丰富的情感体验，对品牌的好感度大幅度提升，麦当劳品牌也占据了消费者更深层次的心智空间。

在此次活动中，麦当劳的品牌营销信息巧妙植入场景，用户不再是被动地接受，而是主动选择，这样可以让用户对品牌的印象更加深刻。由于采取线上方式，此次营销活动的成本并不高，但却打破了地域限制，覆盖了海量目标人群，用户可随时随地、主动多次地参与游戏活动。

消费者在活动中还能意外获得优惠券，这种竞争及趣味性因素让活动更加充实，大幅提升了用户到线下消费的可能性，让营销转化率更高。

在消费升级时代，消费者对美好体验的需求是无限的，塑造更好的品牌体验是品牌与消费者建立长久且深度关系的有效渠道。麦当劳通过小游戏实现社交与O2O联动，带给年轻用户全新的游戏体验，且较好地转化为销量，成为游戏营销的一个成功范本。

十三、星巴克——遭到疯抢的猫爪杯到底有何魅力

2019 年 2 月 26 日，星巴克樱花系列商品正式开售，其中一款“猫爪杯”受到年轻消费者的喜爱。为了抢到这款设计可爱的杯子，很多消费者不惜提前一晚去店门口排队，还有网友直接在星巴克店门口搭起了帐篷，只为能第一时间买到猫爪杯。

这款猫爪杯在发售前，就已经在抖音、小红书、微博等社交平台上广泛“种草”。其实，星巴克以前也经常发布限量版的咖啡杯，每一次当季限定款发售的数量其实都差不多。但这一次的限定款这么火，不得不让人产生疑问：猫爪杯到底有何魅力？

论颜值，猫爪形状的内层设计在星巴克一众循规蹈矩的樱花杯中算得上别出心裁，倒入牛奶后显现出的粉红猫爪更是戳中了不少人的萌点。星巴克以往的杯子更多的是在杯子外壁上印上各种图案，而这款猫爪杯的特别之处在于其内壁上的奇特设计：一只猫爪。因为是透明的玻璃杯，用户能够从外面直接看到内壁的形态。又因为采用的是双层粉色玻璃，所以不仅仅是牛奶，将各种饮料倒入星巴克猫爪杯后，都能够呈现出粉红色的效果。如图 8 – 2 所示。

在一些网购平台上，星巴克这款猫爪杯被炒到 600 多元一个，有的甚至要价 2000 元，价格翻了好几番，而官方售价只是 199 元。发售当天，多个星巴克店面都发生了因消费者抢杯子而导致的打闹事件。还有的网友称，自己正在结账，杯子就被后面的人直接抢走了，宁愿摔碎也不愿意归还。首批 1000 个猫爪杯，仅用几秒就被抢空。在“一杯难求”的情况下，很多用户只能去二手交易平台上加价购买猫爪杯。

百度数据显示，“星巴克猫爪杯”关键词的搜索指数甚至超过了星巴克自身的品牌词“星巴克”。微博上“星巴克猫爪杯”话题的阅读量已经有 5848.4 万，讨论量为 4.2 万条。这个猫爪杯被网友称为“比春运火车票还难抢”。

星巴克猫爪杯遭到疯抢这件事，在各大社交平台持续刷屏了好几天。让“主业卖杯子，副业卖咖啡”的星巴克品牌及其周边产品都得到了低成本的

图 8－2　星巴克猫爪杯

海量曝光。产品萌＋星巴克品牌传播＋有效市场传播＋饥饿营销＋市场黄牛合力助推，铸就了猫爪杯的传奇。星巴克此次营销十分成功，除了利用限量营造的“稀缺性”，让消费者感觉买到的不仅是一个杯子，还能获得炫耀性消费的效果，更重要的是，星巴克抓住了年轻人愿意为萌宠消费的心理。

而在互联网经济刚刚兴起的时候，星巴克的态度并不积极。直至 2018 年下半年，星巴克才开始和阿里巴巴合作，在饿了么平台上线外卖业务，以获取流量。2019 年，星巴克调整管理团队架构，将全部业务重组为“星巴克零售”和“数字创新”两个业务单元，开始拥抱电商及各种线上平台，加大在互联网渠道的服务和传播力度。

一直有些高冷的星巴克，呈现出想和中国年轻消费者对话的姿态。2020 年，在星巴克的公众号推送里，包含了年轻人喜欢的漫画、视频等内容，在连接年轻人这件事上，星巴克开始发力。曾经在中国消费者心中遥不可及的星巴克，如今，变得迫不及待地与新时代的年轻消费者建立联系，在产品、渠道和品牌创新上不断发力。

十四、农夫山泉——你喜欢的样子我都有

如何挖掘隐藏在年轻人身上的消费潜力？各大品牌各出奇招。热门话题，流行游戏，蹿红的节目，大火的明星……似乎没有农夫山泉不能拿来做营销的。你喜欢什么？我都有。或许没有比农夫山泉更了解年轻消费者心思的了。

年轻人喜欢听音乐，农夫山泉就推出“乐瓶”。2017年，农夫山泉与网易云音乐达成战略合作，联合推出合作限量款乐瓶。音乐如水，明明每个人喝到的水都是一样的，但每个人都能尝出里面的细微差别，因为故事才是最好的调味剂。乐瓶的设计巧妙，充满了音乐元素。网易云音乐黑胶唱片的图案，构成了农夫山泉经典的山水形象。网易云音乐精选30条用户乐评，这些乐评每一字每一句都直指人心，被印制在4亿瓶农夫山泉饮用天然水瓶身上，让每一瓶水都自带音乐和故事。

年轻人追求新鲜健康，农夫山泉就种橙子、做NFC橙汁。早在2016年1月底，农夫山泉出品的17.5°NFC果汁正式上市。农夫山泉就地取材，真正做到“好果汁，自己种出来”。NFC（Not From Concentrate）中文为“非浓缩还原果汁”，是将新鲜原果清洗后压榨出果汁，经瞬间杀菌后直接罐装（不经过浓缩及复原），完全保留了水果原有的新鲜风味。同年，农夫山泉还推出一款常温NFC果汁，常温保质期120天，价格低且保质期长，深受年轻消费者的喜欢，而此举也改变了冷链NFC果汁售价偏高、销售区域受限的现状。

年轻人喜欢追求新事物，农夫山泉就将茶、果汁、碳酸融合在一起推出新口味茶“泡泡茶”。泡泡茶口感独特，口味上除了传统的柠檬茶风味和柚子茶风味之外，还创新研发了清酒茶风味，给消费者更多的惊喜和不一样的体验。泡泡茶的包装也充满年轻的元素，并且以“时尚+健康”为定位，主打95后、00后消费群体。

年轻人不喜欢雷同，自成一派，农夫山泉就推出茶π果味饮料。新鲜春茶，融合酸甜果香，自成一派，就为了挑动年轻人的味蕾。漫画涂鸦式的包装，俏皮而清新，讲述着不同的故事。新鲜茶的色泽加上四色包装，仿佛年轻的你我，要缤纷多彩，要清新爽利，要别具一格。四种口味，又传递了不

同的故事和态度，定义年轻新味觉。因为年轻的风格，就要缤纷有味才够嗨！当茶叶撞上了果汁，无限不循环的 π，就是无限不循环的我们，茶 π，年轻人的腔调，自成一派！茶 π 的这些宣传口号，深深地打动了年轻人的心。

年轻人喜欢追星，农夫山泉就找明星来代言。2016 年，农夫山泉推出茶 π 产品，邀请韩国人气偶像天团 Bigbang 代言，上市不足一年销售额就达 10 亿元。2017 年末，茶 π 代言人更换为人气明星吴亦凡，农夫山泉继续收获粉丝经济的红利。2017 年，农夫山泉维他命水冠名《中国有嘻哈》《偶像练习生》，借助明星代言，维他命水销量暴涨。为此，农夫山泉维他命水推出了偶像瓶新装，受到粉丝的追捧，一度出现缺货现象。2018 年，农夫山泉水溶 C100 再添明星代言，牵手年轻演员朱一龙，通过自带流量的明星引爆粉丝经济。2019 年开年，农夫山泉聘请 00 后、年仅 17 岁的流量小生赖冠霖成为茶 π 新代言人，可见农夫山泉已经将目标消费者瞄向了更为年轻的 00 后。经过一大波操作后农夫山泉发现，请明星为产品代言似乎是最容易抓住年轻消费者的方式。

你喜欢什么，我就推出什么。你喜欢的，我这里都有。不得不说，农夫山泉知道的太多了，对于年轻人的了解实在太深刻了。

十五、江小白 MIX 混饮酒——混出自己的味道

“年轻人不爱喝白酒”，这种见解导致许多白酒企业放弃了年轻消费群体。可是新名酒企业江小白则是自面世以来就将客户定位在年轻消费者，根植于年轻人中，无论是产品还是活动，都充满了年轻感和时尚范，深受年轻消费者的喜爱。

夏季是白酒销售的淡季，江小白发起一个“小酒馆”的活动，在全国 26 个大城市用地推的方法免费赠送 5 万杯调配了各种饮料的 MIX 混饮酒。MIX 混饮酒是把红茶、脉动、橙汁等饮料和江小白调在一起的混饮，酸甜苦咸口味随意调，只要你喜欢。几乎每个路过的年轻人，都会过来喝一杯江小白 MIX混饮酒，很多人都会像喝奶茶一样边逛边喝，江小白似乎已经引领了一波新的口感潮流。

对于年轻人来说，喝酒除了看重口感，还注重乐趣。江小白 MIX 混饮系

列中，任一款江小白产品都可以作为混饮基酒，与多种饮品搭配饮用。比如，可以加入柠檬、薄荷、草莓糖浆等配料，混合调制成极具个性的饮品。江小白希望通过这种方式让高粱酒味道更轻，更适合年轻人。

江小白 MIX 混饮酒为年轻人提供了更多的饮酒方式，考虑到混饮的便利性，江小白还推出了专用的调酒饮料“江小白 +”，该饮品根据江小白的酒体风格进行了口味细节调整，能让混饮在加入果香茶香的同时，保持清爽的饮用体验，再随心所欲地加点果汁、冰块、薄荷、柠檬等，便能调出专属自己的混饮风格。

从表面上看，江小白通过 MIX 混饮酒与年轻人进行沟通、交流，想用鸡尾酒的口感去吸引年轻消费群体。但在混饮酒的背后，却掩藏着江小白独特的“味道战略”，让白酒焕发青春活力。

2012 年江小白面世，当年就提到过 MIX 混饮这一概念，但并没有引起人们的关注，因为那时候的江小白还是一个新品牌。尽管当时定位于年轻人市场，但人们仍把它当成一个比较另类的白酒品牌。

江小白产品口感定位以“轻口味高粱酒”为主线，在以重口味为主流的行业里逆市而行。这种放弃大众找小众的逻辑，是极度冒险激进的，看上去难上加难，因为传统市场的老用户是巨大的存量市场。不过江小白的逻辑却是与其去存量市场里虎口夺食，不如做成小众的年轻用户优选的品牌，宁愿做小众的第一，也不去做大众的“备胎”。

清香型高粱酒绝对是白酒里面的轻口味，细腻柔和、清淡适口、味道纯净，不同于浓香型的窖香糟香，也不同于二锅头的粗犷浓烈，在全国白酒的市场份额里估计达不到 1%。

在重口味的传统白酒行业里，江小白做轻口味是十足的差异化。轻口味和利口化降低了年轻人接受白酒的难度。年轻人大多不喜欢辛辣的口感，不喜欢上头，不喜欢易醉，不喜欢满身酒味，而江小白优化了高粱酒的味道，用轻口味和 MIX 混饮提升了产品在年轻群体中的接受度。江小白围绕小曲清香酒打造的味道体系，正好满足了年轻人的各种饮酒需求，释放了该品类的利口化优势。

江小白品牌调性更叛逆，品鉴方式更加潮酷，让白酒与年轻人的生活方式更加契合。开创了白酒年轻化、时尚化品牌的先河。

江小白一直向年轻群体传达简单、纯粹的生活态度，其产品一直遵循“SLP 产品守则”，即 smooth（顺口）、light（清爽）和 pure（纯净），并从原料、工艺和度数等方面进行了一系列优化，摒弃了传统白酒的重口味，最后酿造出利口化的清香型高粱酒，让产品备受新生代青睐。

凭借“我是江小白，生活其实很简单”等情怀文案叩开白酒年轻消费市场大门的江小白，2014 年营收破亿元，此后更是连年增长，2017 年破 10 亿元、2018 年破 20 亿元，2019 年破 30 亿元，这让很多老牌酒企刮目相看。江小白缘何能如此高速发展？最根本的原因是它抓住了年轻人的真正需求，年轻人追求品质和个性、喜欢时尚和创造力、热爱社交与挖掘自我，在饮酒上喜欢轻淡口味、低度的白酒，而江小白混饮能够快速流行，正是源于时下年轻人张扬个性的生活态度。

十六、三只松鼠——打造引人瞩目的“年轻品牌”

2019 年 7 月 12 日，三只松鼠在深交所创业板挂牌上市。从这家成立仅 7 年就上市的年轻企业身上，我们可以看到三只松鼠是如何让年轻人喜欢上的。

作为一家在互联网时代崛起的零食新兴企业，三只松鼠的目标消费群体定位为 80 后、90 后和 00 后消费新势力，尤其是 95 后、00 后这一群身处高校的消费群体。这类年轻消费群体喜欢通过个性化的方式展现自我，有着较为独立的行为准则，习惯于追求时尚、享受生活。三只松鼠极为重视目标消费群体的特性，并通过各种营销策略来引发年轻群体的共鸣，给品牌产品贴上符合用户群体消费心理的超萌动漫标签，以此来打通自己的销售渠道。

三只松鼠为自己量身定制了一套个性化的品牌营销方案。首先，品牌名称要能让消费者产生联想，使品牌人格化。三只松鼠打造了鼠小贱、鼠小酷和鼠小美三只可爱的小松鼠形象，每只松鼠都设置了不同的血型、星座、个性、爱好等，试图让每一个年轻消费者都能在它们的身上找到自己的影子。消费者在购买产品时，不是以买家和卖家的关系在交流，而是以主人和宠物的关系在沟通，这让消费者体验到了无比的亲切感和满足感。

其次，三只松鼠永远贴近消费者，做撒娇卖萌的松鼠客服，非常注重客服文化。三只松鼠要求每一名在线客服必须以松鼠的身份与用户沟通，甚至可以“发嗲装萌”。这是三只松鼠能在众多同类竞品以及年轻化品牌之中冲出重围，塑造差异化的品牌形象至关重要的一个营销策略。消费者与三只松鼠客服的对话过程非常轻松，而且可以无所不聊，很多消费者觉得心情不好都可以与客服聊天，就是在这过程中，三只松鼠实现了其与消费者的强互性。

再次，营销手段深入人心，通过售卖流行文化和人文关怀，随时随地为年轻消费者带来欢乐。三只松鼠认为当下年轻化营销的发展前景是游戏化和娱乐化，必须系统化地给消费者带来更好的消费体验，因此三只松鼠成立独立的动漫公司运营品牌形象，并发布 3D 动画短片，上映当日便获得很高的收视率。

最后，在细节方面，三只松鼠更是超出了消费者的期待，比如在每个包装袋里放入垃圾袋，随包裹附送拆箱神器“鼠小器”、湿纸巾、密封性夹、萌版卡套等物，给消费者带来便利的消费体验。

相对于其他新兴品牌来说，三只松鼠将品牌推广做到了极致，除了普遍采用的广告宣传之外，在三只松鼠的消费者所能接触到的可视载体上，都会铺天盖地地出现三只松鼠的标志，给消费者以强烈的视觉冲击。在年轻人喜欢的热播电视剧、电影中也频繁出现三只松鼠的宣传。正是因为采取了多元化的宣传模式，三只松鼠才广为人知。

三只松鼠也很重视口碑传播，善于引导消费者主动分享转发。比如，三只松鼠曾在新浪微博发起一个“最主人”自拍照 PK 赛话题活动，消费者分享与三只松鼠产品合影的照片，网友投票给最有趣的主人，网友获赠松鼠小零食，此活动引发了很多年轻人的转发和参与。

在用户体验方面，三只松鼠还成立“松鼠神农堂”，不定时地把同行各种产品提供给所邀请的消费者进行盲选品尝试吃，根据意见反馈来进行改进，再邀请消费者品尝，直到自己产品的评价超出其他品牌。就是这样，三只松鼠打造出消费者最喜欢的口味。三只松鼠真正把消费者当成主人，此前还举办过一个“给主人 1111 份礼物”的活动，活动举办得非常成功，1111 只“松鼠”精心准备了 1111 份礼物，全员都到社交媒体上谢谢“主人”。

在互联网时代，品牌不再是简单的符号和数字，而是一个活生生、有温度、能够跟消费者进行对话的形象。在互联网时代，品牌除了要让消费者在脑中产生更深的印象之外，还需要带给消费者更加强烈的情感联系。毫无疑问，三只松鼠做到了。

十七、王老吉——品牌形象升级，传播正能量

王老吉品牌诞生于1828年，是公认的中国凉茶品牌始祖，这个传承近200年的老品牌，以独具内涵的品牌文化、与时俱进的营销方式赢得了消费者的喜爱。在新的市场环境下，王老吉也亟须打破旧有印象，吸引新生代人群的关注。

早在2014年，王老吉就从时尚、文化、科技三大板块进行品牌营销战略部署，广告词“怕上火，认准正宗王老吉”也正式发布。根据这一品牌战略部署，王老吉开始了全方位营销推广，播洒激情，不断与消费者深入互动，大打亲民牌，传播正能量。

王老吉赞助央视权威栏目，紧跟时代潮流，向年轻消费者展现悠久传统品牌的青春一面，推动品牌焕发年轻活力。

借势2014年巴西世界杯足球赛，王老吉联手腾讯世界杯发起王老吉世界杯竞猜活动，消费者凭王老吉世界杯主题纪念罐拉环上的兑换码和队名，可以参与竞猜和点亮32强徽章活动，点亮全部32强徽章者即可获得王老吉千足金迷你纪念罐。活动结束后，点亮巴西徽章最多者可获得巴西双人游。活动提供了十分有诱惑力的奖品，让年轻消费者蜂拥而至，参与竞猜人数短时间内就突破了千万。

2014年11月底，盛况空前的2014广州马拉松赛正式开跑，2万名参赛选手掀起了一波席卷全城的马拉松狂潮。王老吉作为赛事供应商，不仅在赛事组织上积极配合，更是组织员工方阵参与其中，给活动增添了一份能量。

2015年6月，王老吉宣布与优酷以及《万万没想到》剧组签订战略合作协议，成为《万万没想到》的首席赞助商，影片中植入王老吉凉茶产品广告。王老吉以植入广告的形式出现在电影《万万没想到》中，但不同于常规电视电影的品牌软植入，王老吉以网络喜剧常见的硬植入方式出镜。资料显示，通过优酷土豆平台，《万万没想到》剧集两季总播放量达20亿次，该剧大多数粉丝是喜欢上网的年轻人，王老吉此次可谓收获满满。

在此前，王老吉还宣布成为爱奇艺网络剧《盗墓笔记》的联合赞助商，

并买断了全流量贴片广告。总之，在 2015 年，王老吉通过一系列娱乐营销、体育营销，让越来越多的年轻人关注到王老吉，关注到这个本已光彩夺目的民族品牌，同时也拉近了王老吉与年轻消费者之间的距离，引发了 90 后、00 后消费群体的共鸣。

与 70 后、80 后相比，泛 90 后更爱在娱乐影视内容中获得精神食粮、寻找共鸣。对于年轻人喜欢的娱乐营销，各大品牌商都会重点关注。但很多品牌商的娱乐营销单纯以品牌曝光、节目内容植入等常规方式为主，营销效果比较差。2017 年，王老吉冠名腾讯视频的综艺节目《明日之子》，通过“综艺 + 直播”的全新节目形态、去商业化的内容营销模式，为王老吉打造出了“节目—粉丝—销售”完整的营销闭环。

创新型偶像养成类节目《明日之子》的核心用户聚焦于 90 后、00 后的年轻人群，王老吉与《明日之子》的合作打破了传统的品牌商冠名模式，真正做到了品牌与内容的极致融合。除了王老吉量身定制的大红色舞美布景，产品商标的露出，以及主持人张大大以及星推官的花式口播之外，还进行了更多新的尝试，如定制主题曲、MV、设置关联王老吉品牌的饮用场景、个性广告语、定制中插等，实现了产品的浸入式营销，让年轻人在观看节目时亲身感受王老吉的品牌文化。

这场有态度的狂欢，也触发了年轻人群的易燃点。仅一个多月时间，《明日之子》就收割 13 亿流量，多次占据网络综艺收视榜首。首场直播在线观看人数高达 2400 万，打破了腾讯视频 2016 年王菲演唱会直播时 2200 万人在线观看数的记录。“王老吉”“明日之子”主话题周周上榜，多日高居百度搜索风云榜。

王老吉与《明日之子》提出共同主张“不怕过火，燃出自我”，完美地把握了时下年轻人“追求自我，不随主流”的个性与态度。王老吉此次营销大打青春时尚牌，通过尊重个性、开放包容，形成与年轻人的共鸣点，完成“年轻化”品牌形象升级，为年轻群体传递正能量。

现在的年轻消费者都喜欢新鲜、好玩、刺激的东西，特别是网络游戏，像火爆的线上社交娱乐游戏《和平精英》，在粉丝圈层颇具话题性与忠诚度，积累了一大批忠实用户。2019 年 11 月，王老吉与《和平精英》在广州召开“战略合作暨定制罐小程序”发布会，以“大吉大利，今晚王老吉”为口号发布了限量版游戏定制罐，可谓赚足了年轻人的眼球。年轻人通过小程序登录王老吉定制商城，就能够定制自己喜欢的王老吉凉茶外包装图案，而这些图案元素灵感全部来自《和平精英》。

年轻消费者除了可以根据游戏人物形象进行定制，还可以结合表白、祝福、鼓励等不同的消费场景进行定制，实现自我表达。对于喜欢玩游戏同时又喜欢个性生活的年轻消费者来说，王老吉推出的限量版游戏定制罐活动，让他们感到惊喜。而王老吉通过限量版游戏定制罐活动与《和平精英》用户紧紧衔接起来，激发起他们的兴趣，让消费者进一步认可王老吉品牌，觉得这个品牌更懂年轻人。

十八、香奈儿——用快闪店集结年轻人

此前，香奈儿在人们心中一直保持高冷的形象，当人们提及香奈儿，最先能想到的还是它的经典产品菱格纹手袋和双色鞋，相比其他奢侈品牌，香奈儿推出的爆款产品很少。在渠道方面，香奈儿的实体店一直保持着极少的数量，2018 年它在中国大陆的门店只有 12 家。另外，香奈儿还是为数不多的没有大举进军电商行业的奢侈品牌。

但是，近几年来，香奈儿开始在数字化营销方面变得激进起来，完全愿意为了年轻人而作出改变，如推出了年轻人喜欢的快闪店，并开始在电商平台发力。

早在 2016 年，香奈儿就在洛杉矶马尔蒙庄园酒店设立了“I Love Coco”美妆限时店，随后“COCO CAFE”限时店开启世界巡回之旅，走进东京、迪拜、新加坡等地，在年轻人中引起很大反响。

2018 年初，香奈儿为了推广新品及新社交媒体账号，在洛杉矶开设了一家名为“CHANEL BEAUTY HOUSE”的快闪店，它的开幕派对促成了带来“回忆杀”的“暮光母女”重聚。这家快闪店把一栋建筑改造成了名副其实的“CHANEL 之家”，屋内的客厅、衣帽间、卫生间、卧室、院子等都被布置了香奈儿元素。

2018 年 4 月 14～23 日，香奈儿在上海 K11 购物中心开设首家彩妆品类“街机游戏厅”快闪店，中国版快闪店增设了“COCO CAFE”，以卖咖啡的

方式推广产品。该店位于K11购物中心中庭的1～2层，设有COCO CAFE以及ROUGE COCO GAME复古像素游戏、THE BUBBLE GAME抓娃娃机、THE BEAUTY RIDE赛车游戏和Take Your Chance寻找幸运香水等4个游戏区域。

2018年6月6日，香奈儿在巴黎百货商场Le Bon Marché开设快闪店“Coco Lab”，售卖旗下最热门的COCO CRUSH系列珠宝。消费者进店后首先会见到一位模拟医生，他会对你进行一系列测试并最终开出一张“药方”，上面展示了你适合戴哪些耳环、项链、手链等。香奈儿COCO CRUSH系列珠宝于2015年以胶囊形式在电商平台NET－A－PORTER上发布，后来逐渐成为香奈儿珠宝系列中最为强劲的力量。巴黎“Coco Lab”快闪店持续到6月24日，同时在东京新宿伊势丹，香奈儿开启第二家“Coco Lab”快闪店。

一项统计显示，快闪店（POP－UP STORE）一词位列年轻人群中出现的高频率词汇前三名。从艺术快闪、时装快闪到美妆快闪，设计师将天马行空的创意注入快闪店，受到年轻人的喜欢。快闪店往往事先不做任何大型宣传，店铺突然出现在繁华街头某处，快速吸引消费者，经营时间比较短暂，旋即又会消失不见。快闪店在快闪期间为消费者营造一种“不可错过”的参与感，也因此成为品牌探索新零售之路的又一个选择。

集个性化、趣味性、设计性、话题性于一身的快闪店十分符合年轻消费者的胃口，因此可以增强品牌的话题度、互动及参与度。香奈儿开设各种各样的主题快闪店，就是为了增强品牌年轻化形象，加强线下互动，以吸引更多的年轻消费者。同时，开设快闪店也是为了进行事件营销，从而获得大量的话题关注和话题讨论，好的市场反响，一举多得。

香奈儿在数字化年轻化道路上从没有止步过，2018年7月，香奈儿在抖音App上线6只CHANEL J12腕表的广告视频。在2020年香奈儿度假秀中，香奈儿选择改变来迎接这个时代，如增加对常规布料的使用、将经典元素融入新面料之中、有更多的色彩和轮廓，这些都会让年轻消费者更加喜欢。

十九、卡地亚——诠释“双面态度”，贴合年轻一代

“年轻化”是近年来奢侈品行业的关键词之一，每个高端品牌都在反复思索并积极尝试。拥有173年历史的法国殿堂级品牌卡地亚（Cartier）就通

过2019年发布的珠宝系列交上了一份堪称完美的答卷。

2019年，卡地亚发布全新Clash de Cartier系列珠宝。该系列在延续品牌经典风格的基础上，呈现出让人眼前一亮的年轻化姿态。Clash de Cartier珠宝系列诠释了卡地亚的“双面态度”：前卫中蕴藏经典、摩登中演绎传承，复杂工艺中营造舒适感受，而这正无缝连接了年轻一代对于珠宝产品的“双面需求”。

年轻一代对珠宝的需求更为多元化，或送礼或自用，或场合佩戴或日常装饰，这与上一代消费者呈现出截然不同的消费观，上一代消费者只有在恋爱的阶段、准备婚礼的时候或者出席特定的正式场合，才会购买珠宝。

卡地亚此次在设计上有了大胆的突破，在价值上延续了卡地亚百年精湛技艺，同时在创意上满足了年轻一代追求个性化的品位。卡地亚在深化与年轻消费者的联系、提高数字化互动效率上也实施了一系列创新举动。

新系列融合了温柔优雅与刚毅个性，柔美圆润与潇洒自由，双重气质的交织正契合当下年轻一代的精神面貌：他们锋芒毕露而又宽厚温柔，他们追求自我独立之余依然关心世界。产品真正解决了年轻消费者的实际需求，如是否佩戴方便、舒适等。

在互动方面，围绕全新系列珠宝，卡地亚携手英国知名演员兼模特卡雅·斯考达里奥（KayaScodelario）拍摄微电影，诠释两个真实又有反差的“自我”。微电影除了在品牌官网发布外，还在其他官方社交渠道同时发布。

卡地亚还打造一系列线上线下互动体验，传递新系列“双面魅力、反正是我”的态度，引发与年轻一代的深层共鸣。在上海K11购物艺术中心启动为期6天的珠宝体验展，免费向公众开放。卡地亚为此次展览专门制作了微信小程序“反正是我”。小程序以卡雅·斯考达里奥主演的微电影作为开屏，同时具备了丰富的导览功能。通过小程序，用户可获得展览地图等相关信息，并可预约新品试戴。小程序也是展览互动的关键一环，用户可将自拍照上传至小程序并处理保存，扫描小程序二维码即可在屏幕墙上看到自己的照片。

随着消费者获取信息的渠道以及消费习惯的改变，社交媒体已成为奢侈品牌营销的重要阵地。卡地亚在微信朋友圈上投放了一支广告，广告选择以“趣味的滑动形式+走心的广告内容”为特色来触达用户，实现与用户的沟通。看过广告的人大多会被广告中卡雅·斯考达里奥截然不同的双重面貌、如翻书一般轮番转换的画面打动，会被这一动态画面吸引，还会发出这样的疑问："画面中是同一个人吗?""她戴的是卡地亚新品?"当画面中央出现一条红色虚线时，大部分用户都会在提示下完成"滑动"操作，继续观看这支具有神秘感的广告。当用户完成"滑动"动作后，画面将直接跳转至微电影完整版。播放结束后，画面会空降"彩蛋页"。"彩蛋页"还特别设置了跳转按钮，用户点击可直达产品落地页，进入卡地亚微信精品店，进一步查看并购买 CLASH DE CARTIER 系列产品。据悉，卡地亚此次投放的朋友圈广告触达用户数量达到千万级，转化效果十分好。

2020 年 1 月 9 日，卡地亚正式入驻天猫旗舰店，并宣布在 2 月 10 日举行卡地亚"超级品牌日"活动，引发业界极大关注。这是卡地亚进入中国以来，第一次与电商平台合作。从头盘活线上线下的整体方案，卡地亚中国团队要开出 2.0 的专卖店。

在卡地亚的超级品牌日活动中，天猫平台通过分析将其主力消费人群锁定在"Z 世代"年轻消费者，协助卡地亚首发了新品手镯 JUSTE UN CLOU，全系列产品当日便售罄。在线下联动中，天猫与卡地亚还共同设计了红盒刻字礼品卡全方位订制服务，并且为年轻消费者开放了 3 ～ 12 个月免息分期支付业务。

2020 年 4 月，卡地亚在官网发布 SANTOS – DUMONT 系列限量腕表，在中国，选择在天猫官方旗舰店作为预售平台。毫无疑问，卡地亚已经看见了中国"Z 世代"消费方式的巨大改变，也尝到了天猫数字化营销的甜头。对于品牌来说，只有从设计到传播、从线下到线上，整合多种玩法，才能真正触达年轻消费群体。

二十、优衣库——最赚钱的 UT 为什么那么受年轻人待见

UT 是 UNIQLO T – shirt 的缩写，也就是优衣库 T 恤。一些中年人也许会发出这样的疑问：难看的款那么多，为什么年轻人却十分喜欢?

UT 定位为"新时代 T 恤"，电影、漫画、动画、艺术、音乐等流行文化每年都在 UT 上以一种新的方式呈现，成为年轻人表达个性、表现自由的最

简单的潮流工具。UT简约百搭，穿着舒适，备受年轻人喜欢，成为优衣库旗下最具人气且最赚钱的系列产品之一。

表面看起来，UT是毫无特色的基本款，为什么能连续多年在中国年轻人市场中立于不败之地？在这背后，优衣库从颜色、面料、版型、搭配、技术含量、成本、定价、营销手段等都进行了全方位的精心设计。

2003年，优衣库以“让T恤更自由、有趣”为概念，首次推出“UNIQLO T－shirt Project”（后更名为“UNIQLO T－shirt”）。UT原本是用来探索低价战略的试验品，后来却因为广泛的跨界合作，成为服装品牌中的一个文化符号。难怪优衣库艺术总监长尾智明（Nigo）称，“UT卖的不是T恤，而是文化”。

UT的跨界合作到底有多广泛？从美国潮流先锋KAWS到迪士尼代表角色米老鼠，从女性为之疯狂的Hello Kitty到《周刊少年Jump》（日本著名连载漫画杂志）经典动漫角色——每一年的优衣库UT都能给人惊喜。UT的跨界合作涉及电影、漫画、游戏、品牌经典元素、艺术、艺术家、户外、音乐等众多领域，各式各样的印花都被印在了优衣库的纯色T恤上。

众多领域的潮流文化，总会有一种文化是年轻人喜欢的。年轻人可以在UT里找到自己喜爱的那一件，穿上这件UT来表达自己与众不同的个性。T恤除了具有衣服的属性之外，它其实还是一种信息载体。穿着印有自己喜欢的乐队或是自己热爱的艺术家的T恤，这就传递出了你的喜好是什么，表达出你是怎样的人，你的生活态度是怎样的。

2013年，优衣库打出“新世代T恤”的宣传语。UT系列艺术总监长尾智明为了让T恤回到最开始的样子，以20世纪50年代的美式风格作为参考，设计了1000款当季UT。在细节上，长尾智明将复古的圆筒无缝设计运用在部分UT中，并采用较粗的棉线来制作。长尾智明还与法瑞尔·威廉姆斯（Pharrell Williams，被称为菲董）合作推出i am OTHER系列T恤，此系列男女装各有14款T恤，每件单品上都呈现了菲董的经典标语，如“Think Other”“THE SAME IS LAME”等。

从2014年开始，优衣库各种联名款T恤层出不穷，推出i am OTHER、SPRZ NY（惊叹纽约）系列。2015年，发布Music Icons联名款，2016年，与KAWS推出联名系列。2017年，《One Piece（航海王）》诞生20周年，为了纪念也与优衣库推出合作款。

每一次的 UT 新品发布，都会引起市场轰动，都会让年轻人热血沸腾。2018 年，为庆贺《周刊少年 Jump》发行 50 周年，优衣库联名二次元用户喜爱的《海贼王》《火影忍者》等 22 部动漫，推出系列主题 UT，唤醒了 70 后、80 后、90 后等几代人的青春记忆，直接卖到断货。除了联名款 UT，优衣库 AIRism、快干系列 T 恤等也受到众多消费者的喜爱。

UT 从 2003 年到现在，从最开始的印花 T 恤，开始慢慢变得潮流时尚，逐渐走向年轻消费群体。

UT 是艺术创作的载体，更是年轻人表达自我的方式。印在 UT 上的每一个元素与图案都是艺术与文化表达的体现，从体现日本动漫的热血与激情，展露艺术大师笔下的创作灵感，到重现漫威电影里的经典角色，回到超级马里奥游戏里的童年时光。对于年轻人来说，UT 呈现的是全世界最受欢迎的艺术与文化，以及背后令人惊叹的创造力。穿上 UT，就像是踏上了一座走向世界多元文创作品的桥梁。身穿 UT 的年轻人，更是通过 UT 来表达自己对艺术文化的认同，展现自我个性与独特的审美观。

这件 UT 由何人打造？背后又有什么样的有趣故事？2020 年，优衣库通过与全球多位创意设计师、艺术巨匠对话，创作出名为《UT 世界文创先锋册》的品牌册，详细解读每一件 UT 背后承载的故事，拉近人们与艺术文化的距离，探索生活创造力背后的故事。

总的来说，UT 打造的创造力世界，并不仅仅是各种文化与 IP 的集合，而且是这个世界多元性与自我表达的载体，这也是 UT 能够连续多年在全世界吸引年轻消费者的重要原因。

二十一、ZARA——“快、准、狠”捕捉年轻顾客偏好

新生代消费者“个性化、休闲化、自主化、感情化、冲动化”的消费特点不断推动着各行各业产品和服务的不断革新，ZARA 作为全球年轻人追逐的时尚品牌，一直引领着服装行业的快时尚，在“快、准、狠”策略的指导下，始终追随当季潮流，迅速更新货品款式，橱窗陈列的变换频率更达到一周一次甚至一周两次，精准地捕捉了年轻顾客的偏好。

McFashion（也称为 Fast Fashion，意思是快时尚）一词源自 20 世纪的欧洲，其前缀 Mc 取自 McDonald’s，意为麦当劳式的快速。把大众平价和奢华多变的时尚结合起来，像麦当劳的快餐一样贩卖时装，这就是 McFashion 的宗旨。

以 ZARA 为代表的快时尚品牌以“快、狠、准”为主要特征，它的兴起正在带动全球的时尚潮流，并在加速改变世界主流都市文化。“设计师在电脑上设计的服装最快在两周内就可以送到顾客手中。”当电影或媒体中出现新的流行元素，ZARA 只需几天时间就可以完成对明星的装扮或顶级服装大师创意作品的模仿。从识别流行趋势到将迎合流行趋势的新款时装摆到店内，ZARA 只需要两周的时间，而在传统生产方式下，这个周期需要长达 4 ～ 12 个月。

ZARA 在快速消费品领域里也创造了一个供应链神话：每年设计 1.8 万个新样式，平均每 2 ～3 周就有新款上架，它可以做到 7 天生产、14 天下柜、30 天上柜。每年共推出约 5 万种新款时装，而其他时尚品牌一年只能推出几百到上千款。

平均 20 分钟就可以设计出一件衣服，ZARA 对时尚的反应能力无人能及，它是如何做到的？ZARA 通过收购，将 1200 家生产企业变为自己的战略联盟，并招募了 480 人的庞大设计师队伍。同时，ZARA 在巴黎、米兰、纽约等时装时尚发布地建立了完备的时尚情报站。通过这样的战略部署，全球任何一个地方最时尚的时装款式一出来，ZARA 都可以在 5 天内生产出产品，并推向市场，并且可以在竞争对手推出同样款式的 5 天内，把同类产品全部下架。这种“快”，简直令人叹为观止，就是这种“快”，让 ZARA 迅速占领了全球市场。

ZARA 的设计灵感来源于酒吧、秀场、时装周等时尚前沿阵地。通常，一些顶级品牌的设计刚出来没多久，ZARA 就会发布和这些设计非常相似的时装，这样的设计方式保证 ZARA 能紧跟时尚潮流。收集时尚元素的最佳地方就是店铺，因为只有在店铺才能真正了解消费者的需求。ZARA 虽然不是时尚的第一倡导者，却是依靠店铺收集当下流行趋势，并以最快速度把当下的流行变成现实的行动者。

新款服装一般是按照这一流程上市的：店铺收集销售数据及消费者需求，

将其递交给店面经理，店面经理整理好之后将结果交给设计部门，设计部门按照顾客需求设计出款式，再将其递交给商业部门去评估成本和价格，评估后可行的话会开始打板制作，这个过程需要几周甚至几个月的时间。但消费者对时尚的需求是变化的，店铺收集的资料也是具有时效性的，这就意味着设计师不再对设计起决定性作用，而是需要洞察消费者的心理需求。

在物流方面，ZARA 所有的远程运输工具都是飞机，而不是货船。ZARA 总部仓库里的所有衣服停留不会超过 3 天，店铺每周都会向总部下单两次以补充产品，存货周转率比其他品牌高 3 ～4 倍。

当前的品牌竞争十分激烈，ZARA 做到了让消费者购买快时尚服饰的速度与其他品牌差不多。这就是 ZARA 的“狠”。“准”则是指眼光准，ZARA 设计师能预知近期的潮流趋势，能在最短时间内设计出各式新潮服装。在快节奏的时代，这点深受年轻时尚一族的喜爱。

ZARA 的广告投入只占销售额的 0. 3%，远低于行业 4% 的平均水平。另外，ZARA 折扣的种类也非常少，不到总品种的 10%，并且一般只打 8. 5 折。ZARA 并不会为每种款式生产更多的数量，而是更加注重款式的多样性。每一种款式在同一家店铺的数量有限，而且每款服装在旗舰店的摆放周期不超过两周，这种人为制造的“稀缺”或许更能激发消费者马上进行购买，同时也给消费者带来新品很多的感觉。

ZARA 还是大数据的忠实拥护者。每个门店都部署了 IT 系统，每一个零售网点都可以通过该系统追踪销售数据。此外，消费者的反馈也能在系统上反映出来，ZARA 能够快速发现哪些款式好卖，哪些款式滞销。消费者的需求及评价通过 ZARA 内部网络每天至少两次传递给总部设计人员，由总部做出决策后立刻传送到生产线，改变产品样式。这样，ZARA 可以快速地生产出令消费者满意的款式，同时也能大大降低存货率。

ZARA 的快速崛起，值得更多品牌深入思考。

二十二、太平鸟——最懂 95 后的服饰品牌如何炼成

作为国内最早一批强调时尚化的服饰品牌，太平鸟很早就瞄准了 95 后年轻人，并将对这批“后千禧一代”消费者的洞察发展为其核心竞争力，成为

最懂95后的国内服饰品牌。

太平鸟品牌创立于1996年，旗下拥有新兴少女品牌LED'IN（乐町）、PEACEBIRD WOMEN女装、PEACEBIRD MEN男装等品牌。2017年1月，太平鸟正式于上交所上市。作为国内最早一批强调年轻化的品牌，太平鸟可以说是年轻化转型的典范。

在产品方面，太平鸟主张原创个性设计，还融入街头休闲、运动时尚元素，打造适合85后至95后年轻消费群体的时尚产品。无论是最早的男装、女装，还是童装、青少年服饰，太平鸟都主打时尚、个性。从2015年开始，太平鸟的产品开始向时尚化、年轻化转型。产品紧跟潮流，在设计上更为年轻化、潮流化。

在供应链或者说生产模式方面，太平鸟摒弃国内本土服饰企业惯用的传统手法，实现供应链快速反应。以往，企业让加盟商所有货品通过订货模式来获得，而太平鸟调整为TOC模式，即“以销定产”模式，让企业根据销售情况来制定生产计划，这样能够突破服装公司发展的瓶颈，带来运营效率的提升。何种款式销售得最好？太平鸟通过每周两次的产销协调会议对信息反馈进行整理确定补单产品。补单后10～14天，太平鸟根据TOC分析结果把货分到各个加盟商门店。还有，太平鸟将供应链信息打通，门店的动态会直接提供给供应商、加盟商，实现信息在产业链上的畅通。

在渠道方面，太平鸟线上、线下两手抓。在线上，积极与电商平台合作，其中女装品牌、男装品牌在“双11”活动中多次进入TOP10榜单。在线下，太平鸟更换店铺形象，并加快零售门店产品更新，重新定位时尚商圈、布局新店铺。比如，太平鸟男装北京君太百货店，店面装饰更年轻化、更时尚，让人眼前一亮。太平鸟旗下童装品牌Mini Peace在杭州银泰武林店开设了小黄人主题快闪店。在消费升级的趋势下，越来越多的年轻人喜爱集购物、游、乐、吃、喝于一体的购物中心，太平鸟便将更多的门店开设在购物中心。

在营销方面，太平鸟针对年轻消费群体，加强与消费者的互动营销，增强年轻文化、潮文化的传递，与迪士尼、韩火火、哆啦A梦、小黄人等大胆玩跨界，传递品牌年轻、个性、时尚的理念。2018年，太平鸟联手天猫发起“纽约时装周天猫中国日”，借助纽约时装周的平台和天猫强大的电商助推力，在国际上发声，也开启了海外营销之路。在2018年纽约时装周，太平鸟男装选择与可口可乐进行合作。在合作的系列产品中，设计团队使用大量的口号、复古字体与复古色彩的碰撞、面料拼接工艺等年轻的设计手法，还原20世纪90年代两个品牌的精神和表达，同时也非常直接地传达可口可乐欢乐、轻松的品牌调性，这也高度契合了太平鸟男装年轻时尚的品牌理念。

如何抓住消费者的诉求，如何玩出新花样，创造1+1>2的价值，是每个品牌都需要思考的命题。在当下，跨界联名算不上是新鲜事。在2020年5月10日"天猫5·10新国货大赏"的九大"国潮名场面"盘点中，太平鸟男装和史迪奇IP合作系列的史迪奇奶茶T闯入榜单，彰显了太平鸟的国潮行动力。如图8-3所示。

此次合作款，太平鸟在设计上与中国青年进行互动，透过对青年消费者的洞察，将年轻人喜爱的奶茶、中式茶、传统美食小笼包、臭豆腐等元素与史迪奇形象进行碰撞与结合。5月10日晚，薇娅全团队身穿同款奶茶T为中国品牌加油，在顶流主播加持下的创意国潮产品，吸引超2000万粉丝在线观看直播，奶茶T取得热销2.8万件的好成绩。此外，太平鸟童装亦在国潮日当天在天猫旗舰店发布了"不七而遇"7周年主题店庆活动。

图8-3 "天猫5·10新国货大赏"中的太平鸟男装和史迪奇IP合作款

太平鸟一直基于青年文化进行品牌宣传。2020年，始终坚持传递青年文化的中国品牌太平鸟，以爱之名发布品牌年度主题——"PEACE&LOVE太平青年"，突出青年精神与态度，表达当代青年对"意义"的探寻，传递中国设计力量。比如，在产品方面，太平鸟女装以花木兰合作系列开启全新中国风设计。太平鸟联合青年独立设计师江奕勋（Angus Chiang）

以 PEACE&LOVE 主题发布加油 T，应援 2020 年。5 月 6 日晚，太平鸟旗下女装乐町以“云上秀”形式亮相，带来与 Hello Kitty 合作下的“爱意女孩”的原创设计。2020 年夏，太平鸟男装以 ASMR 为创意发布全新牛仔系列广告片，同时发布 PEACEBIRD MEN × COCA - COLA 2.0 系列，将简单的快乐二次传递……太平鸟不断用“PEACE&LOVE”的设计语言与青年开启了多场深度对话，成为最懂年轻人的服饰品牌。

二十三、海澜之家——立足时尚的“高颜值”营销

近年来，海澜之家一直在品牌年轻化的道路上不断探索，无论是推出 Hi - T、彩色羽绒服、马达加斯加系列产品等面向年轻人群的时尚单品，还是赞助在年轻人群中有着超高人气的《奔跑吧兄弟》等热门综艺，海澜之家一直不断创新思路，与年轻消费者进行深度沟通，也渐渐赢得他们的关注和喜爱。

在“高颜值”的光鲜外表下，是海澜之家不断“更新”的营销思路。近年来，海澜之家不断加快年轻化的步伐。针对面向年轻人群的彩色牛仔裤（简称“彩牛”），海澜之家运用互联网思维，布局了一场全方位的“高颜值”营销，成功将其年轻活力的品牌印象传递给广大消费者。

一组林更新充满活力的大片亮相街头，靓丽的搭配尽显青春气息，伴随着色彩缤纷的出街广告，海澜之家全新品类“彩色牛仔裤”吸引着都市时尚新人类的目光。2016 年，海澜之家将彩牛的商品形象化为鲜艳有趣的彩色牛，它们穿梭在现代都市中，被打造为“城市新潮牛”的时尚意象。海澜之家精准洞察年轻人的娱乐喜好，最终敲定由林更新为彩牛代言。不得不说，彩牛是海澜之家年轻化道路上的一次勇敢尝试。海澜之家希望重新定义“高颜值”牛仔裤，并将全新的时尚观传达给年轻男性，唤醒他们对时尚的追求。

从颜料管里挤出的颜料，竟然变成彩牛！颜料管元素也完美契合了色彩缤纷的主题。在“Hi - T 彩虹墙”“多彩羽绒墙”相继引发关注之后，海澜之家又在地铁墙推出“缤纷彩牛墙”。这不仅是一次“高颜值”的产品陈列，更是一次新奇的营销尝试，借由有趣的声光搭配和色彩演绎，尽情展现海澜

之家时尚活力的品牌印象。

海澜之家代言人林更新的“更新高颜值”主张，全新升级的“高颜值”缤纷彩牛墙……它们成功为彩牛打上了“高颜值”的烙印。这不仅仅是一次“高颜值”的营销，更是一次直击年轻人内心的深度共鸣。

伴随着2016年里约奥运会的激情与狂欢，运动元素成为时尚圈的灵感源泉，越来越多的年轻人开始追求时尚与运动元素相结合的潮流衣品。海澜之家运动风系列正是基于年轻群体的这一需求而精心打造的，除了服饰的时尚属性，更兼顾了“轻运动”所要求的舒适感。海澜之家将运动的灵活舒适与时尚的潮流设计完美结合，打造出与众不同的高颜值“时尚运动装”，还找来年轻人喜欢的演员黄轩代言运动风系列服饰。

为了打动年轻人内心，海澜之家还玩起了跨界营销，牵手东方梦工厂共同推出马达加斯加系列产品，打造一场属于年轻人的跨界娱乐体验。海澜之家与东方梦工厂达成战略合作，是海澜之家在热门IP领域进行的又一次尝试，使品牌形象更加年轻时尚、更具活力和想象力。海澜之家并没有像其他品牌那样直接采用卡通形象，而是在充分理解吸收《马达加斯加》影片精神之后，灵活运用IP元素进行艺术上的再创造，塑造出“自由奔放的天生王者”狮子Alex、“热情向往野外的梦想家”斑马Marty等形象，保留了动物明星们鲜明的个性和趣萌的特点，也更符合大众的审美情趣，这让服装的设计更加年轻时尚，同时与电影所表达的自然、开心、环保等主题紧密结合。

2019年，海澜之家实行“聚焦主品牌”战略优化，以海澜之家为核心，将主品牌重塑升级，进行了从“男人的衣柜”到“中国男装，全球价值”的内核升级，为男性顾客提供全场景需求的高颜值服装产品。在主品牌业务方面，海澜之家通过丰富产品种类、开展跨界合作等多种方式满足消费者年轻化、多元化的消费需求，推出了如甄选鹅绒、夜光系列T恤、弹力“小黑裤”等系列高性价比、高颜值产品。

2019年，海澜之家宣布与KPL联盟（手游《王者荣耀》职业联赛）正式达成合作，布局电竞赛事领域，大举进行年轻化营销。除了进军电竞界，海澜之家还宣布与上海美术电影制片厂打造《大闹天宫》联名系列产品，融合现代设计理念，用动画角色“孙悟空”探索时尚领域，开启个性化的道路，用经典文化潮流服饰来吸引全球年轻群体。不管是布局电竞市场、开拓国际市场还是多品牌发展，海澜之家唯一的目的就是向年轻人靠拢，让品牌更年轻、个性与时尚化。

二十四、OLAY——最早的嫌弃 vs 最后的逆袭

每个品牌都有自己的生命周期，唯有不断地进行年轻化迭代，才能持续保持品牌的活力，不被用户抛弃。

宝洁成立于 1837 年，距今已有 184 年历史。1989 年，宝洁集团旗下的 OLAY 以“玉兰油”为中文名进入中国，凭借“给您青春肌肤”“惊喜从肌肤开始”等广告语，以及高密度的电视广告投放，玉兰油在 2004 年成为中国市场最大的护肤品牌，占据中国护肤品市场 12.38% 的份额。随着整个行业的发展以及消费者喜好和需求的转变，玉兰油的销售呈现大幅度下滑态势，市场份额急剧下降，最为危险的是，作为市场主流的年轻消费群体对玉兰油不认可，并称其为“妈妈品牌”。

知名度虽然高但是认同感很低，玉兰油转型迫在眉睫，当然最想甩掉的标签莫过于“妈妈品牌”了。2012 年，玉兰油推出“花肌悦”系列，瞄准以在校生为主的年轻女性消费者，这是玉兰油品牌“减龄”的一次尝试。为此，宝洁放弃御用代言人林志玲，启用邻家女孩代言，在 90 后喜爱的媒体平台上大打广告，到各个城市开展“晨花女孩俱乐部”“校园精英挑战赛”等活动，但还是难以扭转其“妈妈品牌”的烙印，并未赢得年轻群体的欢心。

2015 年，玉兰油进行产品线调整，裁掉不符合“抗衰老”定位或销售不佳的产品，力求继续锁定抗衰老定位，提振产品销售。玉兰油围绕着核心抗衰老概念，缩短产品更新周期，不断推出黑科技产品，激发消费者持续的关注与购买热情。从 2016 年开始，宝洁在中国内地不再在广告中使用“玉兰油”中文名，只保留了“OLAY”英文商标，且进口产品的占比显著增加。

2016 年，OLAY 先后启用李易峰和宋茜两位流量担当作为形象代言人，并加大了网络广告的投放力度。流量明星代言和新媒体投放让 OLAY 再次进入年轻人的视野，即便是这种互动不多的广告，依然让 OLAY 强大的品牌力得到了激活。2017 年天猫“双 11”，OLAY 打了一个漂亮的翻身仗——不仅用半天时间跻身天猫美妆品牌亿元俱乐部，就连 10 年前就已上市的多效修护

霜月销量也接近20万瓶，经典“大红瓶”面霜月销量近6万瓶。

2017年，OLAY开始了全新的营销策略，摒弃过去品牌单方面灌输的营销模式，突出社交平台的地位，开始讲故事，从价值观层面与年轻消费者进行沟通和交流。比如在妇女节发起“无惧年龄，我有故事”品牌活动，除了林志玲、高圆圆、何穗三位明星之外，还收集了100位来自各行各业的女性的故事。OLAY还通过《你不只是你》《我们分手吧》《新年龄观》《90后只能洗洗睡?》等营销战役，鼓励女性突破包括年龄在内的限制，活出自己的精彩。OLAY已经觉醒，开始真正为消费者创造一些对她们有意义的事情，这让OLAY重新俘获了很多年轻人的心。

当然，OLAY成功实现“逆龄”成长，还归功于它在零售渠道的调整、产品结构的调整、与消费者互动等方面做出的努力。OLAY深谙社会化营销已成主流，一张海报、一个短视频、一篇推文已经难以实现品牌触达或者引爆产品。所以，OLAY全方位整合资源、多维度创意布局，在话题的层层推进中达到预期的影响力，并没有将眼光停留在传统渠道上，而是选择了微信、微博、抖音、小红书等多个能集中年轻女性注意力的平台，收获了更多的品牌忠粉。

OLAY在精准的洞察之下，选择了更受年轻人喜欢、更多元化的输出形式，先是在线上直击目标用户圈层，接着通过线下的探店活动强化受众的认知，再加上UGC内容迭代，从被嫌弃到实现逆袭，OLAY实现了真正意义上的品效合一。

二十五、SK－II——熟女品牌为何力邀20岁的代言人

一个在消费者认知中属于贵妇级别的熟女品牌，请了一个20岁有文身的代言人，这种操作怕是只有SK－II才做得到。在“改写命运”这种品牌态度的牵引下，SK－II在2016年还在为大龄剩女拍摄《她去了相亲角》，2017年联合窦靖童推出定制限量款，这不得不说是一种飞跃。

2017年，SK－II宣布著名创作歌手窦靖童正式成为SK－II护肤精华露全新形象代言人。SK－II与窦靖童进行了深入的沟通，最终选定了“生而由我，从心所欲（BE THE PERSON YOU DECIDE TO BE)”作为她的主推宣言。

SK－II 上线了由窦靖童、日本女演员绫濑遥及韩国流行音乐歌手崔秀英携手演绎的品牌广告宣传片《Your Statement，Your Bottle》。广告片中主打产品为“命运限量版”系列的面部治疗精华，瓶身以改写命运为灵感，把缤纷的命运宣言涂鸦巧妙地呈现于白色瓶身，分别以“改变 Change is in all of us”“命运 Destiny is a matter of choice”“决定 Be the person you decide to be”为主题从不同角度诠释美肌之力。广告推出后，产品销量暴涨。从这个角度来说，击中品牌年轻化转型中的痛点，更多的是 SK－II 在宣扬品牌态度的同时赚取到的流量福利。

艺术是品牌与年轻人对话的一种好方式，2019 年，SK－II 把艺术跨界展览“SK－II 艺术家系列：POWER OF PITERA”带到了上海上生·新所。在展览中，不同国家和背景的艺术家用拼贴插画、雕塑、绘画、摄影、平面艺术以及现代舞等多种艺术形式，诠释着关于 SK－II 经典护肤成分 PITERA 的一切。这次跨界和艺术家合作是一次全新的尝试，SK－II 希望打破艺术和护肤的边界。

2019 年，SK－II 还携手日本虚拟模特 IMMA，打造融合漫画、音乐等潮流元素的限量版青春露，还为海洋拉娜系列乳霜找来世界级摄影大师为其换上黑白时尚风格，两款产品一上市就引起粉丝的疯抢。

从小被数字产品围绕着长大的“Z 世代”，对数字化的购物体验和呈现提出了前所未有的高要求，SK－II全新的 Future X 未来体验店在中国亮相后，受到年轻人的关注。比如，升级版肌肤扫描站“Magic Scan”无须接触肌肤即可完成扫描。基于SK－II多年沉淀下来的数据，它可以帮助消费者了解自己的肌肤年龄，并提供个性化的护肤建议。

持续了解消费者需求，并在此基础上不断用新方式与他们建立情感链接，以此连通品牌和消费者，展示品牌以人为本的价值观，这是 SK－II 保持活力的秘诀。SK－II 对年轻人心理和社会处境的解读和观察，让它与年轻人越走越近。

二十六、自然堂——高流量组合走出转型捷径

自然堂，2001 年创立于上海，至今已经 19 岁了。但在消费者心目中，

19 岁的自然堂依旧年轻。这得益于自然堂一直以来奉行的年轻化战略，无论是产品还是营销，自然堂都在竭尽全力洞察年轻人的内心世界，并且真诚而平等地与他们沟通。

2017 年，自然堂邀请 TFBOYS 代言，借助代言人 TFBOYS 的流量优势，走出了一条年轻化转型的捷径。TFBOYS 拥有强大的粉丝团，其自然、活力和年轻的形象本身也与自然堂产品自然、纯净的定位非常契合。自然堂以“脸色疗愈”为传播主题，发起了一场“重新定义好脸色”的传播运动，层层解锁“脸色密码”，倡导女性从一味关注外在纯白“肤色”到兼顾内外好“脸色”的观念转变，还原肌肤透粉白。通过建立明星与产品之间的强势关联，引发全网热议，深得年轻消费者的青睐。2018 年，自然堂再度携手 TFBOYS，邀请他们担任“TFB 透粉白首席脸色疗愈官”，开启全民“脸色疗愈”之旅。

TFBOYS 自带暖男气质，吸引了千万粉丝围观。借势白色情人节，以“TFBOYS 跨界出演话剧”为噱头，自然堂推出“TFB 脸色疗愈剧场”H5 广告，成功吸引年轻粉丝的关注，粉丝纷纷留下手机号码领“票”入场。TFBOYS 则为粉丝送上他们的“疗”语，引导用户一步步地探索“透粉白好脸色”的秘密。如图 8 -4 所示。

随后，自然堂推出“TFB 脸色疗愈剧场”第二幕，伴随着百万粉丝被彻底点燃的热情，两支 H5 中的 6 支疗愈大片作为奖励彩蛋顺利解锁，6 种脸色问题和配套的疗愈方案以一种最具趣味的方式恰到好处地呈现在用户面前，在对粉丝进行深入有效的产品引导时，也加深了年轻人对自然堂品牌的认可度。两支 H5 上线两周时间，一共收获 3 亿次曝光，点击量高达 400 万，超过 5 万用户留下手机号码参与互动。

2018 年 4 月，自然堂首个 4D 脸色疗愈所在上海新世界大丸百货亮相。将流量策略进行到底的自然堂，这一次选择与当红人气网综《偶像练习生》合体，人气选手郑锐彬、董岩磊、胡致邦化身为“透粉白脸色疗愈练习生”，提供一对一的专属疗愈服务，与粉丝分享自己的护肤理念，同时介绍透粉白精华的使用心得。通过这一波线上 H5 互动传播、线下快闪店双引流的打法，自然堂将“透粉白好脸色”的声量提高到了最大。

自然堂的代言人一直以健康、阳光、活力的形象示人，这也与自然堂

图 8-4　自然堂邀请 TFBOYS 代言

“你本来就很美”的品牌理念不谋而合。除了会选代言人，自然堂更会与代言人粉丝玩到一起。自然堂知道，要想获得代言人粉丝对品牌的认可，仅靠广告代言是远远不够的。因此，在对待 TFBOYS 及其粉丝上，只要有这个组合的周年演唱会或个人生日会，自然堂都会倾情赞助。

自然堂还把代言人郑恺拉到紫外线极强的喜马拉雅暴晒了 3 天，以实地测试的方式证明其产品品质。郑恺挑战喜马拉雅系列视频上线以后，“郑恺挑战喜马拉雅”微博话题阅读量达到了 1.4 亿，自然堂产品出色的品质也在此次活动中被更大范围的消费者了解。

在别的品牌还在综艺节目中植入广告的时候，自然堂已经开始借助综艺以及直播等方式，将内容营销和产品软性结合起来，以优质内容自创流量。2017 年 12 月，自然堂首开“自然堂水光浴室”直播，将网综大咖、流量小生、趣味环节等多元素进行碰撞，形成一档以产品为中心的“面膜大趴”综艺秀，让粉丝大呼过瘾。

2018 年 3 月，“自然堂水光浴室”直播第二季再次开启，邀请了“奇葩之王”肖骁、“戏精女王”金婧、“国民弟弟”徐浩等网综大咖参与，为年轻观众呈现了一场精彩幽默的综艺节目。

在这个消费者接收信息碎片化的流量时代，比运用流量更重要的是创造流量。2018 年天猫“双 11”期间，自然堂携手旺旺集团推出跨界产品“自然旺雪饼气垫”，唤起无数 90 后童年的回忆。这样的跨界产品，不仅有趣好玩，而且直击消费者痛点，更是自带话题和流量。产品一经推出，就瞬间点燃了年轻消费者的购物热情，不到半个小时产品便售罄。

另一款“尿不湿面膜”则是自然堂携手好奇特别开发的一款跨界面膜，旨在让辛苦的妈妈和可爱的宝宝都得到双倍的安心呵护。

2019 年天猫“双 11”，自然堂一口气签约 8 位当红艺人作为代言人，继续与用户深入互动。此外，自然堂还与手游、B 站进行跨界合作。从与消费者进行心灵沟通的“神广告”，到更受年轻人关注的代言人和自创内容，再到带来新零售体验的快闪店，最后到和消费者玩在一起的跨界玩法，自然堂的年轻化脚步越来越快，势不可挡。

二十七、百雀羚——脑洞广告戳中玩趣体验

诞生于 1931 年的百雀羚至今已有 90 年的历史，虽然带着十足的老品牌气息，但百雀羚在消费者心中仍然“很少女、很年轻”。而为了打造这个形象，百雀羚在不同领域做了不同的尝试和改变。

产品是品牌营销的核心，要想实现品牌年轻化，年轻的产品自然是第一步。过去人们对百雀羚的印象停留在小蓝铁盒上，为了避免被贴上老化的标签，百雀羚首先在产品及包装上进行了更新。为了摘掉传统老式国货品牌的帽子，百雀羚从 2008 年开始推出草本系列护肤产品，并启用全新的品牌定位——草本护肤，消除人们对老国货香味、质地的固有印象。

随后，百雀羚推出一系列面向年轻人的产品，比如，2012 年推出三生花系列，在包装上采用插画形式，呈现东方优雅小女生日常生活、护肤的场景，精准地抓住了年轻人的审美观念，俘获了一大批年轻女孩的芳心。2015 年，百雀羚再次推出年轻化产品——“小雀幸”系列面膜，受到年轻用户的广泛关注。

百雀羚成功做到了“以年轻人喜欢的形式出现在年轻人眼前”，除了在《快乐女声》《非诚勿扰》等节目冠名中崭露头角，还与《中国好声音》展开连续3年的合作，并于2015年斥资1.65亿元拿下《快乐大本营》首席特约。

2016年，百雀羚进一步推进年轻化战略，不仅签约周杰伦、李冰冰分别作为首席体验官和首席品鉴官，还一次性签约36名美妆红人、当红博主和意见领袖。从2016年开始，百雀羚在广告营销上频频发力。画风清奇、脑洞大开的创意营销广告，让百雀羚的品牌变得更年轻。

2016年天猫“双11”期间，在百雀羚脑洞大开的古典风广告剧《四美不开心》中，杨玉环、西施、貂蝉、王昭君被逐一恶搞，这让消费者感受到百雀羚不囿于“国礼”形象，更愿意改变既定标签的印象。

2017年，百雀羚发布《1931》H5广告，以一镜到底的展现形式，描述了民国背景下，女特务执行神秘任务，最后成功击杀凶手“时间”，引出产品口号——百雀羚，始于1931，“陪时间与你做对”。在2017年京东超级品牌日上，百雀羚还推出了“美时美刻”恶搞视频，引发海量转发及评论。

百雀羚发现，恶搞路线深受年轻消费者的欢迎。百雀羚以人们最恐慌的“黑”为痛点，在包青天“黑”的形象上大做文章，以夸张和恶搞的剧情讲述包青天变“白”的故事，最后引出“你对白的渴望，我最懂”的新产品口号。

短视频《韩梅梅快跑》传播了国货品牌的自信底气与文化理念，而《三生花魔咒》系列广告表明百雀羚开始与更多优质平台共同发声，与更多的年轻人一起互动。

百雀羚还在与电商有关的节日上举办了不少互动活动，大部分趣味十足，它活跃得像个调皮的年轻人。此外，百雀羚联手喜茶跨界营销，还开设快闪店“芝芝巴士”，百雀羚以年轻姿态重回消费者的视线，在消费者内心树立起了与众不同的品牌格调。

从产品包装、营销内容、营销形式到合作伙伴的选择，百雀羚都紧紧围绕年轻人的喜好而展开，让每个人都感受到百雀羚想要彻底实现品牌年轻化的决心！

二十八、卡姿兰——为年轻发声，力挺卖萌人群

近年来，95 后、00 后所热爱的二次元文化及其所延伸出来的“萌经济”，开始在中国崭露头角。如何在比比皆是的二次元萌物中脱颖而出，真正俘获 95 后，成为卡姿兰必须攻克的课题。

卡姿兰携手 Ducobi 推出 4 款限量版定制型明星产品超级萌熊，分别以独特个性的 4 只萌熊为设计元素，推开国内彩妆新萌势力，还同步推出限量版礼盒及主题赠品。

如何在萌经济时代脱颖而出？不仅要有精准的 IP 选择，更要有创意思维。就当 95 后、00 后都在说“卖萌就是正义”的时候，卡姿兰却使用逆向思维，制造反大众认知的新闻：在至 Young 地标杭州湖滨银泰 IN77 广场，卡姿兰萌熊因“萌到犯罪”而被关入狱。神秘组织细数卡姿兰萌熊卖萌 N 宗罪，点燃全民议论！

“事件”发生后，网上的讨论迅速铺开，各大 KOL 接力扩散。萌熊被关起来时的话题“卖萌有罪吗？”以及四只萌熊越狱后的话题“任嘉伦的熊孩子走失”分别登上热门话题总榜第二和第一，双话题共赢得 9117 万的阅读量。

以反大众认知的“卖萌有罪”话题为核心，卡姿兰掀起一场跨次元的“萌基因”彩妆革命。短短几天内，就成功将合作 IP 的萌势能转化为品牌势能，在卖萌营销中抢先一步。

卡姿兰的发布会也充满了萌意。卡姿兰签约人气偶像任嘉伦作为首位卡姿兰“萌熊推荐官”，并借力任嘉伦在发布会定调“卖萌无罪”。两者联合召唤萌熊回归，将 4 款萌熊限量版明星产品作为寻找萌熊的关键线索推荐给消费者。为力挺年轻人卖萌，卡姿兰在杭州开放了全球首个彩妆萌熊乐园，爱美女生不仅可以在乐园中卖萌拍照，还能体验四大萌妆技能。通过萌熊乐园吸引 95 后年轻消费者自发参与和主动分享，卡姿兰可谓棋高一着。

风靡年轻人的音乐会，萌妹子的练舞房，校园军训场所……只要是年轻萌妹子聚集的地方，就有卖萌的卡姿兰萌熊！它们施展各自的萌妆技能，帮 95 后年轻人变得更美，引发人们的持续关注。反大众认知的“卖萌有罪”话

题，人气偶像任嘉伦，迂回曲折、饶有趣味的发布会，日常化的萌熊卖萌……让消费者在关注卡姿兰萌熊事件进展的同时，牢牢记住了卡姿兰的“萌”属性。

当然，只是让消费者记住“萌”属性并不是卡姿兰的最终目的。萌熊被关和任嘉伦发布会寻熊，已帮助卡姿兰在短时间内聚集上亿声量，卡姿兰多管齐下，打通声量—流量—销量通道，让营销真正为销售服务。卡姿兰和任嘉伦联合发布寻熊启事后，正式启动“全民找熊”互动活动，并以免费的卡姿兰萌妆服务作为奖励，将消费者引流到线下超过万家专柜及品牌店。卡姿兰这一大波反大众认知、高趣味、高转化的卖萌营销，已经从二次元萌物营销中脱颖而出，成为教科书级案例。

二十九、雕牌——打造社交 IP，从头到脚焕然一新

从京东的金属狗，到百度的熊孩子，再到网易的王三三，越来越多的品牌愿意花时间去打造属于自己企业品牌的 IP 形象。你很难想象，一个肥皂品牌能跟年轻人实现无障碍沟通。比起升级产品包装，或者启用年轻的品牌代言人等年轻化手段，雕牌从头到脚都焕然一新。

品牌IP化是大势所趋。只要你上网，多多少少都会被一只机智、幽默，还会自黑耍酷的“雕兄”撩过。在年轻化道路上，雕牌主动出击，抓住 80 后、90 后酷萌机智的网络文化，适时推出一个具有品牌属性的 IP 形象——雕兄，借以和年轻人互黑、互撩、互动，引领雕牌品牌 IP 化。

雕兄酷萌的个性，加上年轻人常用的网络词汇，并结合留守儿童、手机控等社会热点，上演了 10 部搞笑又暖心的“雕兄大电影”。雕兄倡导和谐正能量的品牌社会价值观，赢得了社会尤其是年轻受众的普遍赞赏和认同，让网友直呼“厉害了，word 雕”。

针对 90 后、00 后新消费群体，雕牌提出了“家务平分秋色，相处有声有色”“细菌不可怕，不宠老婆才可怕”等段子式的雕牌新家观，成为年轻人智慧处理家庭关系的锦囊妙计。“先定小目标，餐后刷碗你承包”“浪漫是洗衣换被子，喜欢一辈子”……雕牌针对“女王节”定制讨好各类“女王”的新家观，38 招新家观围绕讨好老婆、女友、妈妈、婆婆和女儿等主题打造

小妙招。

逗趣、机智、耍酷、卖萌，雕牌雕兄“家庭男闺蜜”的设定使其成为年轻人喜欢的IP形象。雕兄表情包更是被年轻人追捧，成为聊天必备。看似小小的表情包，其实背后是雕牌对年轻文化的精准运用，“雕牌雕兄说”微博不到一个月就吸引了超过59万粉丝。

为打造更具互动性的雕兄IP，雕牌还做了一次创新的跨界，打造出微信人工智能平台“雕牌雕兄说”，人们可以在微信中随时和段子手智能雕兄互动。短短几天时间，就引发数十万人的关注和互动。

在年轻化的路上，雕牌已经从“观念年轻化”升级到与年轻人在日常生活的互动。雕兄IP的推出，增加的不仅是品牌的趣味性、主动传播性，更增加了话题热点和传播力度，赢得了年轻消费群体的好感和信任。

三十、六神——让90后沟通90后

关于六神的年轻化，最早可以追溯到2012年的一个视频——《花露水的前世今生》，当时引发了病毒式传播。年轻人的媒介消费习惯发生了变化，在这则视频中，六神用动画的形式，风趣幽默地将花露水的历史娓娓道来，受到年轻消费者的欢迎。

如何抓住年轻消费者，培养他们的习惯、开发他们的需求，是六神品牌传播最急迫的需求。2016年5月，“六神在手，一夏无忧”整合传播战役正式打响。首先，六神邀请当红明星、创意媒体人、网络红人进行线上合作；其次，六神整合多条病毒视频；最后，配合TV（电视台）、OTV（线上电视台）、腾讯深度合作及热门综艺IP的广告投放，形成圈层影响力。

年轻一代的审美情趣发生了变化，每个人都在追求个性的表达。六神调整了产品设计、传播方式、营销渠道，用年轻人喜欢的方式和他们交流。

2017年夏，六神进行大胆尝试，突破花露水经典绿瓶的形象，推出一套极具特色的90后青春限量版花露水，推出“清雅”“清新”“酷玩”和“酷爽”四款风格迥异、气质不凡的限量版花露水，每一款都有独特的个性，满足了年轻人对花露水美一点、凉一点、雅一点的想象。这套全新花露水的包装是六神与艺术院校90后大学生共同创作的，是90后心目中花露水未来的模样。

六神还启用全新代言人，让 90 后沟通 90 后。六神携手 90 后明星偶像华晨宇，全新推出一套符合 90 后年轻人个性的六神“嗨夏”限量版花露水。90 后，是冒险、大胆、向上、不甘安于现状的代名词。他们有理想也有梦想，他们有原则也有情怀，他们有足够的能力在广阔的世界中喊出中国声音，他们的想法正改变着世界的轨迹。作为一个 90 后，在追逐梦想的路上，华晨宇是典型和榜样。他选择的音乐道路和生活方式，在很大程度上代表了 90 后一代人的选择，这是六神选择华晨宇做代言人的重要原因。华晨宇也是六神品牌历史上首位 90 后男性代言人。他不仅拥有时尚的外表，也具有不凡的音乐品格和燃爆全场的爆发力，在年轻的消费群体中有广泛的号召力和超高人气。

每个品牌都面临品牌老化的问题。无论是在哪个平台销售，市场策略是否精准，最终还是要回归到品牌对消费者的洞察上。六神在品牌年轻化道路上有着一套自己的逻辑，并积极尝试多渠道多方式。比如，六神与 RIO 合作推出的花露水口味鸡尾酒，创造了现象级的网络热潮。2019 年，六神联名沪小胖在虹口足球场打造的“夏夜风凉馆”正式开馆。人们一走进馆中，霓虹灯牌、风车墙、打卡墙、花露水冰桶……一股六神的清凉感扑面而来。最特别的，莫过于此次六神与沪小胖联名定制的至尊冰醉龙虾。此次合作灵感来自六神对年轻人夏日生活特征的洞察。六神花露水是夏日“网绿”，小龙虾是夏日网红美食，两者在季节属性上完美匹配。不仅如此，当清凉遇见火辣，品牌间还能刺激与共生出产品使用需求。嗦虾时的汗流浃背、蚊虫叮咬以及嗦虾后的油腻，六神花露水产品“清凉、驱蚊、祛味”，恰好能完美祛除这一不适。

将需求根植于年轻人的真实生活场景中，才能让年轻人产生对该品类的需求偏好，让年轻人爱上六神花露水。品牌必须多维度地融入年轻人的生活场景中，制造难以忘怀的体验，让他们与品牌产生共鸣，从而刺激其对产品的需求，六神做到了。

三十一、凯悦酒店——倾听世代之外的声音

当吴亦凡、鹿晗、杨洋等年轻偶像全面霸屏，当你熟悉的高端品牌启用新生代偶像作为代言人的时候，我们必须承认90后甚至95后的审美及喜好已经开始主导市场的走向，任何品牌都在想方设法地投其所好，就连酒店业也不例外。

凯悦酒店集团总部位于美国芝加哥，足迹遍布全球六大洲、超过60个国家和地区。凯悦酒店集团的规模在全球酒店集团中排名前十，实力不可小觑。2018年3月，凯悦酒店大中华区开始制定数字化战略，尝试年轻化构想。

凯悦酒店集团旗下涵盖19个高端酒店品牌，包括大家早已熟悉的柏悦、君悦、凯悦、安达仕等。其实，凯悦酒店集团很早就开始注重年轻化群体的需求，并推出一系列举措。比如，凯悦酒店集团在过去10年内已经开出了7个新的酒店品牌，其中凯悦尚萃是一个号称拥有“千禧一代精神与生活方式”的酒店。“凯悦尚萃”一名既代表“身处时尚之地”，也寓意“荟萃精彩之枢”。而凯悦尚萃酒店正是期望通过巧妙的设计和周到创新的服务，将客户与城市脉络紧密相连，不会错过任何一次探索和发现的旅程。凯悦尚萃酒店里引进了备受年轻人追捧的沙龙连锁Drybar专用吹风机。现在的年轻人都很看重社交，凯悦尚萃就为年轻人设置了“The Corner”公共区域。在这里，年轻客户可以享受阅读的乐趣，或是点上一杯咖啡，与朋友聊聊天。现代年轻人都讲究健康的生活方式，健身房的设置自然也是必不可少的。

凯悦尚萃将自己的客户群体称为“现代探险家”——一群有情趣、好奇心强的年轻人。这群年轻人往往不喜欢被“贴标签”，他们对于酒店品牌本身有自己的理解，强调与当地流行文化的交融，希望拥有直观、智能的客户体验。

对于各种品牌酒店而言，如果不倾听年轻消费者的声音，也就丧失了独家特色，喜欢新鲜感的年轻人就有充分的理由尝试其他品牌，寻找更为新奇的入住体验。

三十二、故宫——迈出舒适圈是“保鲜秘诀”

故宫是近年品牌年轻化最成功的案例之一，它主动迈出舒适圈，采用年轻化营销，让具有600多年悠久历史的宫殿重新焕发生机，深受年轻人的喜爱。

故宫显示了它年轻的一面，把古代人物通过二次元的方式拉近了其与年轻人的距离。故宫发布了一篇名为《雍正：感觉自己萌萌哒》的文章，雍正行乐图被做成动态图，雍正在河边洗脚、喂猴子，并配上《朕……脚痒……》的接地气文案。卖萌剪刀手更是被大量地进行了二次创造，让雍正帝成为中国历史上第一个给人“萌萌哒”印象的古代帝王。

故宫和腾讯联合出品的《穿越故宫来看你》，也在朋友圈备受好评，历史人物被做成动态效果，皇帝和妃子们聊QQ、发朋友圈、唱饶舌神曲、玩VR眼镜，卖萌耍酷一样不落。

故宫的官方微博和微信公众号通过有创造力的方式，曝光了具有代表性的古代帝王的日常生活故事，让年轻用户与古代帝王“拉近了距离”，让年轻用户感觉到帝王也是普通人，也会有开心不开心，甚至还会卖萌，因而喜欢上传统文化。

故宫非常注重对品牌形象的宣传，并把自己打造成中国文化的一个代表。年轻人对我国传统文化不太了解，但又很向往，而故宫正好展示了过去真实的历史和文化。另外，故宫还拍摄纪录片和《上新了·故宫》综艺节目，这些举动都有助于提升形象。如图8-5所示。

在信息过载的时代，揭秘宫廷生活可能无法提起年轻人的兴致，但如果告诉他们，原来皇帝的日子过得比“我”还苦，阿哥们的生存压力居然比北上广的白领还大，看御膳房这种操作模式“我”还是撸串算了……是不是就有打开看看的冲动？《上新了·故宫》做到了这一点，遥不可及的大人物露出了“凡人”的一面，似乎成了“懂我”的朋友。

在创造力方面，故宫打造了一系列文创产品和IP衍生品，数量超过1万种，年销售额超过10亿元，成为自媒体营销背后的人设载体和用户触点，完成了从品牌到销售的转化。同时故宫传播的很多内容都会引发用户二次创造，这增强了用户的参与感。比如前面提到的《雍正：感觉自己萌萌哒》卖萌剪刀手就引发了用户大量的二次创造，甚至形成了套图。

故宫还与腾讯、红旗等品牌进行了大量的跨界合作，助推故宫的多元化尝试，以更丰富的形象出现在年轻用户的面前。比如，故宫与腾讯跨界合作发起“古画会唱歌”音乐创新大赛。大赛以传统文化的传承与年轻人的文化创新为切入点，用故宫典藏的《清明上河图》《韩熙载夜宴图》《步辇图》等10幅古画为命题，由QQ音乐联合AI人工智能、唱作歌手及原创音乐人，以这10幅古画为灵感进行歌曲创作。短短几天时间，MV的播放量达到3302万，微博阅读量达6915万，微博“古画会唱歌”话题阅读量达到了1.6亿，流量收获满满。

图8-5 《上新了·故宫》第二季宣传片

从爆款纪录片《我在故宫修文物》到动辄卖几亿元的故宫文创，故宫的每一次热点并非直接缘于建筑、文物这些压箱底的内容，而是年轻人从故宫及其相关元素中感受到了鲜活的、跃于史料之上的温度、情感和个性。